INGLÊS
É 10!

INGLÊS É 10!

O ENSINO DE INGLÊS NA EDUCAÇÃO INFANTIL

Lilian Itzicovitch Leventhal

COLABORADORAS

Daniela Casella, Haydée Goldfeder, Tatiana Silvério Santos Dias

1ª REIMPRESSÃO

DISAL EDITORA

Preparação de texto: Renato Potenza
Colaboradoras: Daniela Casella, Haydée Goldfeder, Tatiana Silvério Santos Dias

Assistente editorial: Gabriela Canato

Capa e projeto gráfico: Alberto Mateus
Edição de arte e diagramação: Crayon Editorial

Dados Internacionais de Catalogação na Publicação (CIP)
(Câmara Brasileira do Livro, SP, Brasil)

Leventhal, Lilian Itzicovitch
Inglês é 10! : educação infantil / Lilian Itzicovitch Leventhal; colaboradoras Daniela Casella, Haydée Goldfeder, Tatiana Silvério Santos Dias. – 1. ed. – São Paulo : Disal, 2006.

ISBN 85-89533-55-7
Criança de 2 a 6 anos.
Bibliografia.

1. Inglês (Ensino fundamental) I. Casella, Daniela. II. Goldfeder, Haydée. III. Dias, Tatiana Silvério Santos. IV. Título.

06-6653 CDD-372.652

Índice para catálogo sistemático:
1. Inglês : Ensino fundamental 372.652

DISAL EDITORA

Alameda Mamoré, 911- cj 107
Alphaville – BARUERI – SP
CEP: 06454-040
Tel./Fax: 4195 2811

Visite nosso site: www.disaleditora.com.br

VENDAS
Televendas: (11) 3226-3111
Fax gratuito: 0800 7707 105/106
E-mail para pedidos: comercialdisal@disal.com.br

Agradecimentos

O DESEJO DE ESCREVER ESTE LIVRO É ANTIGO. Surgiu durante a convivência com muitas professoras de inglês para crianças, nesses 24 anos de carreira acadêmica.

A vontade de poder compartilhar pensamentos, caminhos, atividades, alegrias e dificuldades, que todas temos, e a incessante busca pelo aprimoramento do ensino revelam minha inquietude.

Meu agradecimento a todas vocês, presentes em cursos, palestras, que foram parceiras no trabalho, nas escolas, sempre buscando fazer a diferença. É nisso em que acredito. Nós fazemos a diferença: a cada dia, a cada planejamento, a cada aula, para cada aluno.

Agradeço especialmente a meus pais, Ofélia e Salomão, pelo apoio e carinho a cada passo da minha carreira.

Obrigada ao meu marido, Jacques, pela paciência, amor e companheirismo sempre.

Recebi, durante o processo de desenvolvimento deste trabalho, o incentivo, a colaboração com atividades e a energia de três profissionais fundamentais para esta conquista. Obrigada, Teacher Tatiana, Teacher Daniela e Teacher Haydée. Vocês são muito especiais!

Não poderia ser diferente. Elas me levaram a maior reflexão,
estudo e paixão pelo ensino para crianças.
Obrigada às minhas filhas: Hannah, Hadass e Thally,
por brilharem em minha vida e aprenderem a conviver
com o universo acadêmico desde tão pequenas.
Dedico este livro a vocês!

LILIAN ITZICOVITCH LEVENTHAL

FRUITS
I am
BLUE
I Like

Sumário

1

Tudo começou com sementinhas (de idéias)

INTRODUÇÃO

Toda criança, toda pessoa, pode se deleitar na aprendizagem.
Todo educador pode compartilhar deste encantamento.

GEORGE LEONARD

DIVERSOS ESTUDOS MOSTRAM que a criança livremente criativa tem elevada autoconfiança, maturidade, calma e independência. Tem a capacidade de manter-se concentrada por períodos de tempo mais longos e de absorver-se em seus projetos. A criança aprende a confiar em suas reações pessoais e em sua intuição. Essa confiança vem de experiências em que ela aprende que é amada, valorizada e respeitada, pois desse modo: "Suas energias, que não são desperdiçadas na autodefesa, estão livres para criar o novo" (Briggs, 1970).

Para despertar a curiosidade das crianças para o aprendizado do novo idioma (no caso o inglês para a Educação Infantil), é necessário ter muita criatividade. Melhor do que isso, na verdade: seus alunos devem brincar!

Sim, BRINCAR. Mais que se divertir, nessas atividades seus alunos desenvolverão a linguagem, o pensamento, a criatividade, a iniciativa. Por meio de jogos e brincadeiras, as crianças aprendem a tomar decisões, a estabelecer relações de troca, a lidar com as regras, a resolver conflitos e a encontrar soluções para suas dificuldades. É importante que seus alunos desenvolvam as habilidades de ouvir, compreender e falar em inglês — melhor ainda quando aprendem através de atividades lúdicas e motivadoras!

As crianças estão sempre prontas para brincar. Você, *teacher*, pode adaptar o conteúdo programático ao jogo, no qual pode trabalhar a motricidade, as áreas cognitivas e afetivas de seus alunos, atendendo assim às necessidades do educando para que ele seja, ao mesmo tempo, um sujeito ativo e passivo no processo de ensino-aprendizagem.

Em ***Inglês é 10!*** você encontrará indicações de atividades, já realizadas em classe, que facilitarão esse processo de promover brincadeiras com base pedagógica e trabalhar a realidade infantil com vivências lúdicas na língua inglesa. Dessa forma, as crianças se interessam, se desenvolvem e a aprendizagem ocorre durante as brincadeiras propostas.

Let's play and learn, porque ***Inglês é 10!***

2
Expandindo as raízes

PLANEJAMENTO E OBJETIVOS

SEMPRE INSISTO EM DIZER às professoras de inglês que nosso grande esforço está no planejamento. Uma vez concebida a idéia, a execução é muito simples e prazerosa.

Há, no entanto, cuidados especiais que precisamos tomar. Com a diversidade nos perfis das escolas atualmente, sugiro que sempre pensem em alguns aspectos principais e relevantes, como planejamento e objetivos.

O que é um planejamento?

"Consiste na previsão e programação dos trabalhos escolares para um curso (PLANO DE CURSO) ou para cada unidade do Plano de Curso (PLANO DE UNIDADE) ou para cada parte da unidade (PLANO DE AULA)" (PILETTI, 2004).

ASPECTOS QUE DEVEM SER CONSIDERADOS NO PLANEJAMENTO:

- Exposição prévia ao idioma.
- Características socioeconômicas das famílias e do bairro quando se tratar de escola que atende a comunidade do bairro.
- Características dos alunos em geral.
- Recursos da escola em termos de equipamento, materiais e recursos didáticos.
- Objetivos gerais do curso de inglês.
- Conteúdo necessário para desenvolver o ensino, que será definido a partir dos objetivos gerais previamente estabelecidos.
- Número de aulas disponíveis.
- Métodos e procedimentos que deverão ser desenvolvidos para melhor compreensão, assimilação, organização e fixação do conteúdo, ou seja, as estratégias.
- Sistema de avaliação e verificação da aprendizagem.
- Bibliografia básica, com material de apoio, livro didático, entre outros.

Quando refletimos sobre as aulas específicas de inglês, qualquer que seja sua carga horária, é importante ter em mente que precisamos oferecer o melhor, a maior exposição de língua possível, e diminuir ao máximo as questões que desviem a atenção de nossos alunos, porque, exceto para escolas bilíngües, a carga horária em sala muitas vezes não é tão expressiva.

Ao levarmos em consideração os aspectos mencionados acima, começamos a focar o que efetivamente objetivamos com as aulas de inglês.

Muitas vezes a própria escola não tem a definição de seu objetivo com o programa de inglês. Então precisamos providenciar insumos para que a decisão seja tomada pela escola. Dessa forma, nosso trabalho será direcionado e mensurável.

Qual é o objetivo da pré-escola com o ensino de inglês?

Com base na meta traçada podemos buscar as estratégias adequadas. De outra forma, será muito difícil mensurar o resultado e controlar a qualidade do curso.

No processo de **planejamento** procuramos responder às seguintes perguntas:

- O que pretendo alcançar?
- Em quanto tempo pretendo alcançar?
- Como posso alcançar isso que pretendo?
- O que fazer e como fazer?
- Quais os recursos necessários?
- Como verificar se o que eu pretendia foi alcançado?

Com base nas respostas a essas perguntas podemos traçar as Expectativas Gerais do Programa de Inglês da Pré-Escola e, conseqüentemente, elaborar o planejamento semestral, bimestral ou mensal, de acordo com as características e as necessidades de cada entidade.

IMPORTÂNCIA DO PLANEJAMENTO

Planejar as atividades de ensino é importante pelos seguintes motivos:

- Evita a rotina e a improvisação.
- Contribui para a realização dos objetivos visados.
- Promove a eficiência do ensino.
- Garante maior segurança na direção do ensino.
- Economiza tempo e energia.
- Facilita o monitoramento dos alunos em aula, permitindo maior dedicação e personalização do ensino.

CARACTERÍSTICAS DE UM BOM PLANEJAMENTO

- Ser elaborado em função das necessidades e das realidades apresentadas pelos alunos.
- Respeitar os objetivos da entidade.
- Ser flexível, isto é, deve dar margem a possíveis reajustamentos sem quebrar sua unidade e continuidade. Ele pode ser alterado sempre que houver necessidade.

- Ser claro e preciso.
- Ser elaborado tendo em vista as condições reais e imediatas de local, tempo e recursos disponíveis.

O que é conteúdo?

Trata-se da organização do conhecimento. Abrange também as experiências educativas no campo do conhecimento, devidamente selecionadas e organizadas pela escola. O conteúdo é um instrumento básico para poder atingir os objetivos propostos. Ao selecionar o conteúdo, com ou sem livro didático, é importante relacioná-lo aos objetivos definidos.

Você pode mencionar vocabulário, estruturas gramaticais e funções lingüísticas. No planejamento anual você pode, por exemplo, separar as informações mês a mês, definindo os conteúdos e os objetivos instrucionais e atitudinais.

Uma vez definidas as metas, o planejamento geral para o ano ou semestre, e o conteúdo, partimos para o planejamento de cada unidade didática ou temática.

O que é planejamento de unidade?

O planejamento de unidade é uma especificação maior do plano de curso. Uma unidade de ensino é formada de assuntos inter-relacionados. O planejamento de unidade também inclui objetivos e conteúdo léxico e gramatical. Em princípio, cada unidade deve ser planejada ao final da que antecede, pois esta lhe servirá de base ou apoio. Isso significa que as unidades serão planejadas ou replanejadas ao longo do curso. Há três etapas no plano de unidade:

A) **APRESENTAÇÃO** — A professora procurará identificar e estimular os interesses dos alunos, relacionando-os com o tema da unidade. Considerando a Abordagem Comunicativa, trata-se do primeiro P = Presentation.

EXEMPLOS DE ATIVIDADES:

- Pré-teste oral, também chamado de elicitação, para sondagem das experiências anteriores dos alunos, contendo os conceitos e o vocabulário que eles deverão aprender na unidade.

• Comunicação aos alunos dos objetivos da unidade, se relevante.
• Utilização do material ilustrativo, tais como jornais, revistas, cartazes, materiais concretos em etc., que permitam introduzir o tema.

B) **DESENVOLVIMENTO** — Nessa etapa, os alunos deverão chegar à compreensão do tema através da prática. Em Abordagem Comunicativa esse é o momento do segundo P = Prática. A professora poderá utilizar diversas atividades, como as apresentadas nos capítulos seguintes.

C) **AVALIAÇÃO** — Nesse momento pensamos no terceiro P da Abordagem Comunicativa = Production.

O que é planejamento de aula?

É a seqüência de tudo o que vai ser desenvolvido em um dia letivo. É a especificação dos comportamentos esperados do aluno e dos meios — conteúdos, procedimentos e recursos — que serão utilizados para realizar a aula. Assim, o planejamento de aula é a sistematização de todas as atividades que se desenvolvem no período de tempo em que a professora e os alunos interagem numa dinâmica de ensino-aprendizagem.

O plano de aula deve prever estímulos adequados aos alunos, a fim de motivá-los, e criar uma atmosfera de comunicação entre professora e alunos que favoreça a aprendizagem. Como elaborar o plano de aula? O primeiro passo é indicar o tema central da aula.

EXEMPLO DE UM PLANEJAMENTO EM FORMA DE TEIA (WEB PLANNING):

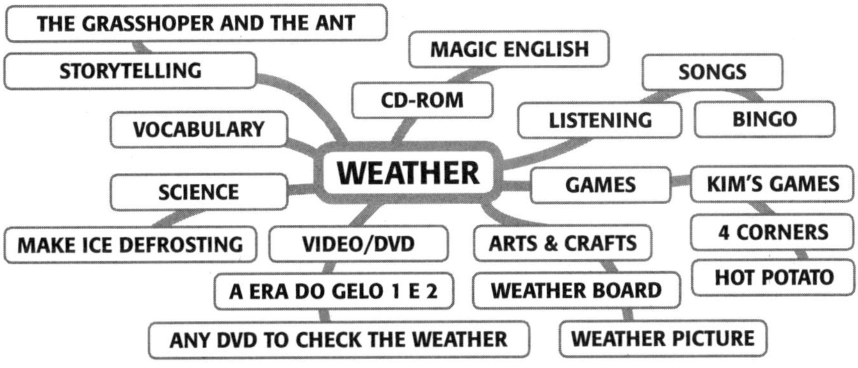

Partindo do tema, ***weather***, com ou sem material didático, é importante pensar em registro. Se o grupo não tiver livro didático, a professora pode elaborar algum tipo de "Ficha" para que o conteúdo torne-se o mais concreto possível.

Na sugestão acima, pensamos sempre em um ***brainstorm*** do que se pode ser feito com o grupo, levando-se em consideração a faixa etária, o vocabulário, as estruturas e os objetivos de comunicação. Uma vez pensado o planejamento da unidade temática, a professora pode escolher as atividades que julgar mais adequadas para cada aula. Entretanto, se houver necessidade de inverter atividades, adiantar conteúdos etc., você terá maior tranqüilidade para fazê-lo, uma vez que tem a visão global do que pretende trabalhar. Com a prática, esse tipo de planejamento torna-se cada vez mais fácil e mais rápido. É sempre importante lembrar que a interdisciplinaridade torna a aprendizagem mais significativa porque a criança consegue estabelecer vínculos com a sua realidade. Pensando nessa questão, lembre-se sempre de considerar as áreas de artes, ciências, informática, atividades físicas/corporais etc.

NO EXEMPLO ACIMA UTILIZAMOS:

CIÊNCIAS	ARTES	INFORMÁTICA	VÍDEO/DVD
HISTÓRIAS	COMPREENSÃO ORAL	VOCABULÁRIO	JOGOS
* VOCABULARY			

HISTÓRIAS

Segue um modelo da história da Cigarra e da Formiga.
Esta fábula foi escolhida justamente por ter o fator clima permeando-a o tempo todo. O modo de trabalhar a história pode envolver dramatização, registro, roda de leitura, entre outros.

The Ant and the Grasshopper

In a field one summer's day a Grasshopper was hopping about, chirping and singing to its heart's content. An Ant passed by, bearing along with great toil an ear of corn he was taking to the nest.

"Why not come and chat with me", said the Grasshopper, "instead of toiling and moiling in that way?"
"I am helping to lay up food for the winter", said the Ant, "and recommend you to do the same."
"Why bother about winter?", said the Grasshopper, "we have got plenty of food at present."
But the Ant went on its way and continued its toil. When the winter came the Grasshopper had no
food and found itself dying of hunger, while it saw the ants distributing every day corn and grain from the stores they had collected in the summer. Then the Grasshopper knew:
It is best to prepare for the days of necessity.

CIÊNCIAS

Making Ice/defrosting

IDADE: A partir de 4 anos.
MATERIAL: Forminhas de gelo, freezer.
DURAÇÃO: 10 minutos.
PROCEDIMENTO: Leve as crianças à cozinha da escola para que coloquem água nas fôrmas de gelo e deixem no freezer para se transformar em gelo. E depois deixe os alunos verem os cubos derretendo fora do freezer. Essas são formas significativas de experimentação e vivência.
Peça às crianças que desenhem a experiência como registro.

*VOCABULÁRIO

Devemos ressaltar, ainda, que apenas vocabulário não realiza processo de comunicação. A comunicação ocorre quando temos:

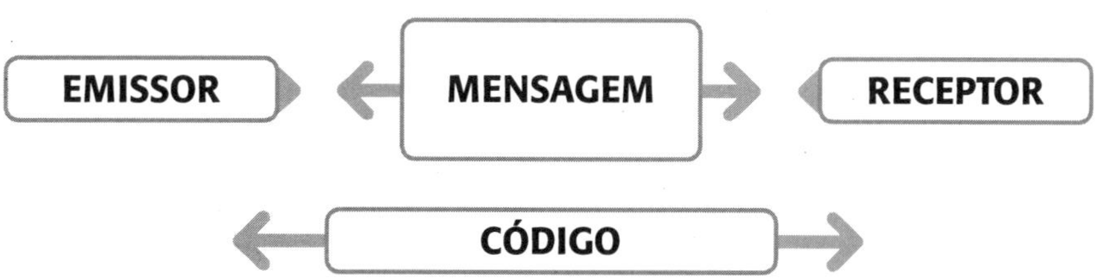

Portanto, quando pensamos no vocabulário, por exemplo, precisamos determinar o que se espera de:

VOCABULÁRIO EXPOSITIVO: *cold, hot, warm, sunny, rainy, windy, snowy, sky.*

ESTRUTURAS: *What's the weather like today? / How's the weather? – It's...*

E incluir práticas e produções que garantam o uso relevante do que está sendo proposto.

INFORMÁTICA/ CDROM

Aliado ao vídeo, utilizar, por exemplo, as atividades interativas do DVD *Magic English*.

Outra possibilidade, se disponível na escola, é utilizar o programa Paintbrush ou outro similar para que as crianças façam desenhos dirigidos pela professora, em forma de ditado, como: *Draw the rain. Now I want you to draw the sun.*

LISTENING

Se você não tiver nenhuma música disponível, seguem duas idéias.
Primeira, você sempre pode inventar suas próprias músicas.
Segunda: "If All the Raindrops", by Barney. (Gravada em português no CD ou no DVD *Xuxa para Baixinhos 3*.)

DISPONÍVEL EM URL: <http://www.mp3.com/tracks/2841457/reviews.html>

If all the raindrops

Were lemondrops and gumdrops
Oh, what a rain that would be!
Standing outside, with my mouth open wide
Ah, ah, ah, ah, ah, ah, ah, ah, ah, ah
If all the raindrops
Were lemondrops and gumdrops
Oh, what a rain that would be!

If all the snowflakes
Were candy bars and milkshakes

Oh, what a snow that would be!
Standing outside, with my mouth open wide
Ah, ah, ah, ah, ah, ah, ah, ah, ah, ah
If all the snowflakes
Were candy bars and milkshakes
Oh, what a snow that would be!

If all the sunbeams
Were bubblegum and ice cream
Oh, what a sun that would be!
Standing outside, with my mouth open wide
Ah, ah, ah, ah, ah, ah, ah, ah, ah, ah
If all the sunbeams
Were bubblegum and ice cream
Oh, what a sun that would be!

ATIVIDADE

Bingo

IDADE: A partir de 3 anos.

MATERIAL: Cartelas com desenhos prontos ou para serem desenhados. Feijões para marcar , lápis de cor para desenhar ou marcar os itens nas cartelas.

DURAÇÃO: 10 a 15 minutos.

PROCEDIMENTO: Traga a cartela com o desenho pronto ou peça aos alunos que desenhem nos espaços. Jogue Bingo e peça que as crianças pintem ou marquem as palavras que você disser. Cada um pode desenhar as palavras relacionadas ao tema que quiser, escolhidas entre as que você deverá, previamente, colocar no quadro ou mostrar as figuras.

"Mister Sun", by Barney

Oh Mister Sun, Sun,
Mister Golden Sun,
Please shine down on me

Oh Mister Sun, Sun,
Mister Golden Sun,
Hiding behind a tree...
These little children
Are asking you
To please come out
So we can play with you
Oh Mister Sun, Sun,
Mister Golden Sun,
Please shine down on me!
Oh Mister Sun, Sun,
Mister Golden Sun,
Please shine down on me
Oh Mister Sun, Sun,
Mister Golden Sun,
Hiding behind a tree...
These little children
Are asking you
To please come out
So we can play with you
Oh Mister Sun, Sun,
Mister Golden Sun,
Please shine down on...
Please shine down on...
Please shine down on me!

JOGOS

Kim's Game

IDADE: A partir de 3 anos.

MATERIAL: Figuras ou flashcards sobre *weather*.

DURAÇÃO: 5 a 10 minutos.

PROCEDIMENTO: Você coloca as figuras ou flashcards no chão ou em uma mesa e pede aos alunos que olhem atentamente. Peça que fechem os olhos e retire um dos flashcards. As crianças, então, abrem os olhos e descobrem qual figura está faltando. Dessa maneira praticam oralmente, reforçando pronúncia, entonação e fixação.

Hot Potato

IDADE: A partir de 3 anos.

MATERIAL: Objeto ou flashcards sobre *weather*.

DURAÇÃO: 5 minutos.

PROCEDIMENTO: Você escolhe um objeto ou um flashcard e vai passando de um para o outro, como se fosse uma batata quente. Costuma-se colocar uma música e, ao parar a música, a criança que estiver com o objeto ou o flashcard na mão perde a rodada. Em nossas aulas, podemos pedir que a criança diga o nome do objeto ou flashcard. Você pode trocar o objeto ou flashcard a cada rodada. Ganha a criança que conseguir chegar ao final.

4 Corners Game

IDADE: A partir de 4 anos.

DURAÇÃO: 10 a 15 minutos.

MATERIAL: 4 figuras ou flashcards sobre *weather*, CD, CD player.

OBJETIVO: A criança deve identificar o vocabulário previamente estudado.

PROCEDIMENTO: Coloque 4 figuras ou flashcards nos cantos da sala. As crianças iniciam o jogo no meio da sala. A professora diz uma das palavras, por exemplo: *Windy*. As crianças devem escolher o canto em que acham que a palavra correta está. Você pode pedir às próprias crianças para que comandem o jogo.

VARIAÇÃO: Coloque uma música para tocar e os motive a dançar. Quando a música parar, peça às crianças para escolher um canto e ficar nele. Então, tire de uma sacola algum flashcard relacionado ao canto. Por exemplo: *sea, sun*. As crianças que estiverem no canto de outros objetos/climas devem sair do jogo. E assim por diante.

ARTS AND CRAFTS

Weather Board

IDADE: A partir de 3 anos.

MATERIAL: Figuras de revistas, desenhos, formatos sobre vocabulário de clima em EVA.

DURAÇÃO: 15 minutos.

PROCEDIMENTO: Monte um mural do tempo (clima). Você pode utilizar figuras reais, de revistas, de internet ou cortar os formatos em EVA. Use sua criatividade. Peça às crianças que escolham as figuras e montem o mural com você, descrevendo-as, e, assim, utilizando o vocabulário. O mural pode servir de *warmer* em outras aulas relacionadas ao mesmo assunto.

Vídeo/DVD

A Era do Gelo 1 e 2/ Qualquer DVD com cenas de climas diferentes

IDADE: A partir de 3 anos.

MATERIAL: Vídeo/DVD.

DURAÇÃO: 15 minutos.

PROCEDIMENTO: Selecione cenas para trabalhar com os alunos, em que apareçam as imagens dos vocábulos que você vem trabalhando. Reparta as figuras que representem essas palavras entre os alunos para que levantem e mostrem aos colegas quando a cena for referente ao material que eles têm em mão.

VARIAÇÃO: Para crianças a partir de 5 anos você pode pedir que estabeleçam a ordem em que as palavras foram mencionadas no filme.

IMPORTÂNCIA DOS OBJETIVOS DE ENSINO

Se você não tem certeza para onde vai, pode acabar indo para onde não pretendia. Assim, o professor precisa determinar de início o que o aluno deverá ser capaz de produzir ao final do aprendizado. A isso se chama definir objetivos. Se o professor não define os objetivos, não pode avaliar de maneira objetiva o resultado de sua atividade de ensino e não tem condições de escolher os procedimentos de ensino mais adequados.

Tipos de objetivos

Os objetivos podem ser ***educacionais*** ou ***instrucionais***.

- OS OBJETIVOS EDUCACIONAIS (ou gerais) são proposições gerais sobre mudanças comportamentais desejadas. Decorrem de uma filosofia da educação e surgem do estudo da sociedade contemporânea e do estudo sobre o desenvolvimento do aluno e sobre os processos de aprendizagem.
- OS OBJETIVOS INSTRUCIONAIS (ou específicos) consistem numa maior especificação dos objetivos educacionais e numa operacionalização dos mesmos. Os objetivos instrucionais são proposições específicas sobre mudanças de comportamento dos alunos, que serão atingidos gradativamente no processo de ensino-aprendizagem.

Os objetivos educacionais e instrucionais, por sua vez, podem referir-se aos domínios cognitivo, afetivo ou psicomotor. Alguns autores utilizam a palavra taxionomia (do grego táxis = ordem e nómos = lei) para indicar essa classificação (PILLETI, 2004).

TAXIONOMIA			
Domínio cognitivo	razão	inteligência	memória
Domínio afetivo	valores	atitudes	interesses
Domínio psicomotor	habilidades operativas	habilidades motoras	

COGNITIVO

O ***domínio cognitivo*** refere-se à razão, à inteligência e à memória, compreendendo desde simples informações e conhecimentos intelectuais, idéias, princípios, habilidades mentais de análise, síntese etc.

EXEMPLOS DE OBJETIVOS DO DOMÍNIO COGNITIVO:

- Informar-se sobre os principais recursos naturais.
- Adquirir conhecimentos básicos sobre o crescimento evolutivo dos animais e do homem.
- Aprender a diferença entre os alimentos que não fazem bem à saúde (***junk food***) e os que fazem bem (***healthy food***).

AFETIVO

O ***domínio afetivo*** refere-se aos valores, às atitudes, às apreciações e aos interesses. Exemplos de objetivos do domínio afetivo:

- Cooperar para a manutenção da ordem, da conservação e da limpeza.
- Valorizar a pessoa humana e o trabalho individual e coletivo.
- Organizar a classe no final da aula.
- Ter alunos assistentes para ajudar, estrategicamente, a professora nas aulas.

PSICOMOTOR

O ***domínio psicomotor*** refere-se às habilidades operativas ou motoras, isto é, às habilidades para manipular materiais, objetos, instrumentos ou máquinas. Exemplos de objetivos do domínio psicomotor:

- Desenhar ruas, bairros, realizar maquetes.
- Construir um Big Book coletivo.
- Desenhar seus objetos nas cartelas para jogar Bingo.
- Moldar um boneco de massinha.

Embora, os diferentes tipos de objetivos representem três domínios do ser humano, eles referem-se apenas a uma realidade total: o *homem concreto*, como uma unidade física, psicológica, intelectual, social e moral. A divisão em três domínios serve apenas para a análise da função didática.

Funções dos objetivos instrucionais

Segundo Bloom "a formulação de objetivos tem por finalidade classificar para o professor, em sua própria mente, ou comunicar a outros as mudanças desejadas no aprendiz".(Bloom,1969).

Outra função dos objetivos é orientar o professor na escolha dos demais componentes de um sistema de organização de ensino. Os conteúdos, por exemplo, embora já venham sendo pensados e selecionados pelo professor durante a atividade de formulação dos objetivos, serão organizados seqüencialmente segundo os objetivos, ou seja, serão trabalhados pelo professor e pelos alunos à medida que se tornem um recurso indispensável para levar ao comportamento final previsto: a produção em inglês.

• OS OBJETIVOS DEVEM REFERIR-SE aos comportamentos dos alunos e não aos do professor. Uma sugestão para atender a essa característica é iniciar a formulação dos objetivos com a frase: "O aluno, ao final do curso (unidade ou aula), deverá estar apto a/ ser capaz de...".

• OS OBJETIVOS DEVEM INDICAR claramente a *intenção* do professor e não podem dar margem a muitas interpretações. Para evitá-las devemos usar, por exemplo, verbos que não permitam que isso ocorra.

Verbos que permitem muitas interpretações	Verbos que admitem poucas interpretações
Compreender Saber Entender Desenvolver Aprender Melhorar Aperfeiçoar Julgar Conhecer Adquirir Familiarizar-se	Identificar Diferenciar Escrever Resolver Enumerar Comparar Contrastar Justificar Escolher Criticar Verbalizar Distinguir Construir Selecionar Localizar

• OS OBJETIVOS DEVEM ESPECIFICAR o que o aluno deve ***realizar***. Para verificar se o objetivo atende a essa característica, devemos fazer a seguinte pergunta: "Que fará o aluno para demonstrar que alcançou o objetivo?". Se o objetivo responde a essa pergunta, ele está bem enunciado.

• OS OBJETIVOS PODEM ESTABELECER também as condições (tempo, uso ou não de instrumentos, livros e outros recursos, por exemplo) em que o aluno deverá demonstrar ser capaz de realizar — no final do curso, da unidade ou da aula — o que está previsto no objetivo.

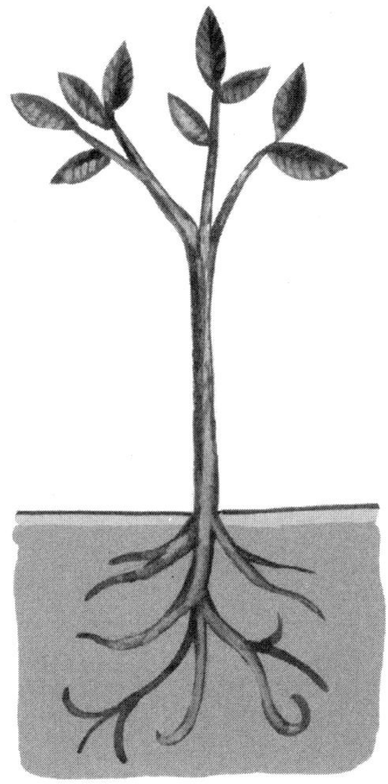

3
Fortalecendo a base

FASES INFANTIS

Por que devemos estudar sobre crescimento e desenvolvimento infantil?

Reflexões sobre a aquisição da linguagem

O CÉREBRO DO BEBÊ muda consideravelmente depois do nascimento. Nesse momento, os neurônios já estão formados e já migraram para as suas posições no cérebro, mas o tamanho da cabeça, o peso do cérebro e a espessura do córtex cerebral, onde se localizam as sinapses, continuam a aumentar no primeiro ano de vida. Conexões a longa distância não se completam antes do nono mês e a bainha de mielina continua se adensando durante toda a infância. As sinapses aumentam significativamente entre o nono e o 24º mês, a ponto de terem 50% a mais de sinapses que os adultos. A atividade metabólica atinge níveis adultos entre o nono e o décimo mês, mas continuam aumentando até os quatro anos. Um enorme número de neurônios morre ainda na barriga da mãe, essa perda continua nos dois primeiros anos e só se estabiliza aos 7 anos. As sinapses também diminuem a partir dos dois anos até a adolescência quando a atividade metabólica se equilibra com a do adulto. Desse modo, pode ser que a aquisição da linguagem dependa de uma certa maturação cerebral e que as fases de balbucio, de elaboração das primeiras palavras e de aquisição de gramática exijam níveis mínimos de tamanho cerebral, de conexões a longa distância e de sinapses, particularmente nas regiões responsáveis pela linguagem (PINKER, 2002).

É comum dividir o estágio inicial da aquisição de linguagem em duas fases: pré-lingüística e lingüística. No estágio pré-lingüístico, a capacidade lingüística da criança desenvolve-se sem qualquer produção lingüística identificável. Sem levar em conta as mudanças biológicas que facilitam o desenvolvimento lingüístico e ocorrem nos primeiros meses de vida da criança, é o balbuciar dos bebês de aproximadamente 6 meses que sinaliza o começo da aquisição da linguagem. Esse período é tipicamente descrito como pré-lingüístico porque os sons produzidos não são associados a nenhum significado lingüístico. O estágio dos balbucios é marcado por uma variedade de sons que muitas vezes são usados em alguma das línguas do mundo, embora muitas vezes não sejam a língua que a criança irá, posteriormente, falar. Nesse estágio, os sons oferecem o repertório no qual a criança irá identificar os fonemas da sua língua. Por exemplo, consoantes posteriores e vogais anteriores, como [k], [g] e [i], aparecem cedo nos balbucios das crianças, mas tarde no seu desenvolvimento fonológico.

As primeiras palavras

O primeiro estágio verdadeiramente lingüístico da criança parece ser o estágio de uma palavra, que aparece, em geral, um pouco antes da criança completar um ano, quando começa a produzir as primeiras palavras na língua mãe. Suas falas limitam-se a uma palavra ou outra, que é pronunciada de maneira um pouco diferente da dos adultos. Muitos fatores contribuem para essa pronúncia não usual: alguns sons parecem estar fora da escala auditiva das crianças, por dependerem da maturação de determinados nervos. Sons que são difíceis para a criança detectar tornam-se difíceis para serem aprendidos. Há sons, também, que são difíceis para a criança articular.

Ao considerarmos o sistema semântico da criança, devemos levar em conta a questão da natureza do significado. Às vezes, as crianças usam as palavras para referenciar inapropriadamente um vasto número de objetos. Por exemplo, carro poder ser usado para referenciar um objeto grande que se move ou qualquer objeto que serve para fazer transporte. Muitas vezes as crianças usam as palavras de uma maneira extremamente restrita, criando um drástico limite para um conjunto de referenciais permitidos. Por exemplo, uma criança usa a palavra cachorro para designar apenas o cachorro da família, enquanto outros cachorros teriam nominação diferente.

A primeira hipótese sobre aquisição de linguagem defende que a criança simplesmente adquire sons e significados. Entretanto, a investigação das primeiras palavras da criança indica que o conhecimento adquirido por volta de um ano de idade apresenta a forma de um sistema rico de regras e representações. Como esses sistemas abstratos foram deduzidos, principalmente, através das experiências das crianças na comunidade lingüística, as diferenças entre a gramática da criança e a do adulto são compreensíveis.

O ponto crítico

Atualmente sabemos que é mais fácil aprender uma segunda língua na infância. A maioria dos adultos nunca chega a dominar uma língua estrangeira, sobretudo sua fonologia, o que gera o inevitável sotaque. Segundo Pinker (2002), “existem diferenças individuais, que dependem do esforço, qualidade de ensino e simples talento, mas, ainda assim e mesmo nas melhores circunstâncias, parece haver uma barreira intransponível para qualquer adulto”.

Dados mais sistemáticos nos são fornecidos pela psicóloga Elissa Newport e seus colegas (PINKER, 2002). Eles testaram estudantes e professores da Universidade de Illinois nascidos na Coréia e na China, que já viviam havia pelo menos dez anos nos Estados Unidos. Aqueles que tinham migrado entre os 3 e 7 anos, alcançaram o desempenho dos americanos nativos. A partir desse ponto, quanto mais velho, pior era a assimilação da nova língua.

Quanto à língua materna, são raros os casos de pessoas que chegam à puberdade sem tê-la adquirido. Até os deficientes auditivos tem mais facilidade de aprender a língua de sinais antes da fase adulta. No caso de crianças de povos selvagens, encontrados em regiões de florestas preservadas, ou de crianças que vivem em lares de pais psicóticos, elas podem aprender a se comunicar de maneira clara ou não, dependendo da idade em que foram encontradas.

A aquisição de linguagem materna é certa até os 6 anos. Fica comprometida depois dessa idade até a puberdade e é rara depois disso. Uma explicação plausível seria as alterações maturativas que ocorrem no cérebro, tais como o declínio da atividade metabólica e do número de neurônios durante o início da vida escolar, e a estagnação no nível mais baixo do número de sinapses e da atividade metabólica por volta da puberdade, bem como a lateralização cerebral.

O conhecimento do crescimento e do desenvolvimento infantil capacita o educador a lidar com o comportamento e as características peculiares de cada fase do universo infantil.

As informações a seguir podem ajudar em diversas situações, desde organizar a sala de aula até oferecer às crianças oportunidades de aprendizagem significativa.

Aqui estão alguns dos princípios do desenvolvimento infantil, que auxiliam a tomar decisões que sejam mais apropriadas para as crianças de determinada faixa etária.

1 Desenvolvimento segue certos padrões previsíveis. As crianças se desenvolvem em estágios e a seqüência desses estágios é a mesma.

2 Há enormes diferenças na média de crianças da mesma faixa etária. Ainda quando tais crianças são cronologicamente de idades iguais, seus níveis de conhecimento e habilidade variam amplamente.

3 O desenvolvimento é ímpar. As crianças podem se desenvolver mais rapidamente em uma área que em outra.

4 O desenvolvimento provém do simples para o complexo e do geral para o específico. Cada habilidade é construída de uma maneira simplificada até que a criança aprenda a utilizá-la de maneira refinada e mais sofisticada.

5 O aprendizado acontece do concreto para o abstrato. As crianças necessitam de experiências da vida real, interagindo com objetos concretos, para que então o conhecimento possa ser construído.

6 Desenvolvimento não pode ser "ensinado" ou "apressado". Se as crianças forem forçadas a executar tarefas que não condigam com a fase na qual estão situadas, isso pode causar danos em sua auto-imagem, auto-estima ou até mesmo sentimentos e atitudes negativas em relação à escola.

7 As crianças, assim como os adultos, têm estilos diferentes de aprendizagem, que precisam ser respeitados. Têm também diferentes interesses, necessidades e motivações.

8 O aspecto intelectual, assim como o social, o emocional e o desenvolvimento físico estão intrinsecamente ligados. Daí a importância de se educar uma criança valorizando cada um desses aspectos, para que no futuro todas elas possam interagir de maneira harmoniosa.

A CRIANÇA DE **2 ANOS**

FÍSICO

• Muito ativa: consegue andar, correr, pular com os dois pés, ficar na ponta dos pés, subir, escalar.

• Consegue alimentar-se sozinha; está aprendendo a usar o banheiro.

EMOCIONAL

• As palavras favoritas são "não" e "eu consigo fazer"; frustra-se facilmente quando não consegue realizar algo.

• Não gosta de mudanças.

• Apresenta instabilidade emocional: ora chora, ora ri.

SOCIAL

• Geralmente brinca sozinha, mas já começa a demonstrar interesse por brincar com outras crianças.

Ainda não consegue compartilhar brinquedos, nem montar um jogo dramático.

• Pode se mostrar agressiva com outra criança.

• Às vezes, cansada de seu próprio jogo, ela observa o jogo de outra criança. Esse interesse pela brincadeira dos outros anima a criança a estabelecer contato com o outro.

LINGÜÍSTICO

• Produz entre 200 e 600 signos lingüísticos.

• Entende mais palavras que pode pronunciar.

• Gosta de repetição; usa a língua para expressar idéias e produz por imitação.

INTELECTUAL

• Demonstra curta atenção à mesma atividade.

• Aprende através dos sentidos.

• Consegue identificar partes do corpo, cores e alguns animais.

COMO INCENTIVAR SEU ALUNO DE **2 ANOS**

FÍSICO

• Dê à criança oportunidades para jogos internos e externos, como escalar e correr.

• Ofereça grande variedade de materiais para serem explorados.

• Crie oportunidade para que possam se vestir e se alimentar sozinhas, e também para cuidar de seus brinquedos; valorize o momento de ir ao banheiro.

EMOCIONAL

• Permita que as crianças façam o maior número de escolhas possível; encoraje-as a expressar seus sentimentos.

• Tenha brinquedos e atividades pertinentes à faixa etária. Alguns exemplos são: blocos lógicos – com diferentes formas e tamanhos para fazer torres e pequenas construções (encontrados em lojas de brinquedos educativos); quadrados, círculos, triângulos e retângulos nas cores primárias, com diferentes tamanhos e espessuras.

• Promova um ambiente confortável e siga uma rotina de atividades; seja sensível e carinhoso, seja tolerante sem ser condescendente, seja firme sem ser intransigente.

SOCIAL

• Tenha mais de uma unidade do mesmo brinquedo.

• Assista às crianças de perto e seja um modelo, pois, acredite, elas irão se inspirar em você.

LINGÜÍSTICO

• Incentive seus alunos a falar, falar e falar; utilize onomatopéias de animais durante as aulas, como por exemplo: dog: bow wow; pig: oink oink; cat: meow; horse: neigh neigh; cow: mu mu; rooster: cock a do dle doo etc.

• Descreva o que você está fazendo, bem como o que as crianças estão fazendo.

• Utilize músicas, rimas e leia histórias. Aliás, releia histórias também.

INTELECTUAL

- Proporcione aos alunos atividades de curta duração.
- Deixe as crianças explorarem os materiais, tocando-os, cheirando-os, olhando-os, ouvindo-os, provando-os.
- Use e abuse de jogos de achar os pares, ligar, combinar; cante músicas e brinque com jogos que falem das partes do corpo.

A CRIANÇA DE **3 ANOS**

FÍSICO

- Sente prazer em correr, pular, equilibrar-se, subir e descer escada, andar para trás, pedalar em triciclo. Daí a necessidade de não ficar muito tempo parada.
- Precisa muito de proteção, segurança, sentir-se desejada, amada e necessária.
- Ainda precisa repousar durante o dia, dormir cerca de 12 horas por noite.
- Tem melhor controle das mãos; consegue colorir; começa a cortar em linha reta; desenhar linhas e círculos.
- Consegue escovar os dentes; lavar as mãos; deseja vestir-se e despir-se sozinha; utiliza colher e garfo.

EMOCIONAL

- Gosta de rir e fazer rir; possui maior autoconfiança.
- Pode passar por um estágio emocional difícil por volta dos 3 anos e meio.
- Cooperativa; aprecia novas experiências. Gosta de agradar, ajudar em pequenas tarefas.
- Gosta de ser independente, mas precisa ter alguém que lhe inspire confiança.
- A criança lentamente passa a compreender melhor o mundo à sua volta, e a aprender que

neste mundo há regras que precisam ser obedecidas, embora ainda seja bastante egocêntrica consigo mesma – comumente vê outras pessoas mais como objetos do que como pessoas, não sabendo que estas possuem sentimentos próprios.

SOCIAL

- Aprecia a companhia dos amigos; quer ajudar e agradar.
- Gosta da companhia de outras crianças, mas quando estão juntas, brincam isoladamente. Em determinados momentos começa a compartilhar os brinquedos.
- Gosta de brincadeiras que mexam com o imaginário.
- No final dessa faixa etária, uma criança geralmente já sabe diferenciar pessoas do sexo masculino e pessoas do sexo feminino, e também já começa a ter suas próprias preferências, como roupa e entretenimento, por exemplo.

LINGÜÍSTICO

- Consegue pronunciar as palavras de maneira mais clara e já forma sentenças simples. A criança já pode formar algumas frases completas (e corretas gramaticalmente), usando palavras já aprendidas, e possui um vocabulário de aproximadamente 800 a mil palavras na língua materna. O vocabulário está em expansão; já usa palavras para expressar emoções. Gosta de perguntar e repete as perguntas, pelo prazer de ouvir as mesmas coisas e para confirmar seu aprendizado.
- Consegue seguir direções e ordens simples.
- Sua capacidade de atenção ainda é muito pequena, de 8 a 10 minutos.

INTELECTUAL

- A criança se mostra curiosa acerca do mundo.
- Nomeia as cores; conta até 10; consegue comparar objetos; já começa a reconhecer algumas formas geométricas e algumas letras.
- A criança mantém contato mais estreito com os companheiros e procura ativamente a oportunidade de brincar em conjunto. Nesse caso, a comunicação dura à medida que a criança aprende a usar ludicamente os objetos e a desenvolver a argumentação.

COMO INCENTIVAR SEU ALUNO DE **3 ANOS**

FÍSICO

- Proporcione atividades com movimentos criativos.
- Ofereça à criança giz de cera, lixa, massinha, blocos, quebra-cabeça, tesoura etc.
- Proporcione atividades que utilizem brinquedos para escalar, montar e correr.

EMOCIONAL

- Elogie constantemente; estabeleça regras claras e seja firme, porém afetuosa.
- Utilize materiais e atividades onde a criança possa experimentar o sucesso.
- Leia histórias simples e faça caretas.

SOCIAL

- Promova tempo suficiente para brincadeiras livres, sempre que possível. Aproveite os momentos de produção lingüística para isso.
- Elogie as crianças quando elas compartilharem brinquedos.
- Dê às crianças oportunidades para ajudarem na aula, como distribuir material, ajudar o amigo etc.

LINGÜÍSTICO

- Cante músicas; trabalhe com rimas; continue lendo livros; descreva objetos e experiências.
- Dê às crianças uma ou duas instruções por vez.
- Ajude-as a superar a dificuldade com certas palavras, praticando-as.

INTELECTUAL

- Compartilhe o entusiasmo com o aprendizado.
- Brinquedos sugeridos: jogos de memória, de cores, fantoches, fantasias, casinhas de boneca, brinquedos para montar, de encontrar o par, livros ilustrados, massinha, quebra-cabeça com poucas peças, jogos manipuláveis,
- Utilize atividades um pouco mais longas, mais bem elaboradas.

A CRIANÇA DE **4 ANOS**

FÍSICO

- Consegue correr; pular em um pé só; balançar;
jogar e pegar uma bola.
- Consegue desenhar objetos simples; cortar na linha; desenhar dentro do espaço delimitado, e consegue abotoar e também abrir e fechar zíper.
- É difícil de ficar sem fazer nada, precisa de atividades em que use bastante o corpo para extravasar toda a energia.

EMOCIONAL

- Mostra-se emocionalmente extremista: ama e odeia em poucos minutos a mesma coisa, demonstra medo e insegurança.
- Extremamente imaginativa.

SOCIAL

- Adora a companhia de outras crianças, mostra-se preocupada com sentimentos alheios.
- Brinca de forma cooperativa.
- Forma pequenos grupos (2 a 3 crianças) e gosta de auxiliar e ser auxiliada nas brincadeiras.
- Começa aprender que o combate físico não é o melhor meio para solucionar problemas. Já tem mais consciência das atitudes e opiniões de seus colegas.
- Seu comportamento social pode ser determinado pelo desejo de imitar os adultos. Necessita de muita segurança afetiva.

LINGÜÍSTICO

- Demonstra alto interesse por palavras, coisas novas.
- Pergunta muitas questões; como e por quê são as palavras favoritas.
- Consegue repetir sentenças, rimas, canções. Usa conjunções e compreende preposições na língua materna.

• Gosta de criar palavras que não têm significado. Mostra interesse em aprender palavras novas. Pensa alto, fala sem parar. Seu período de concentração é de aproximadamente 15 a 20 minutos.
• Tem boa compreensão das regras, mas nem sempre as segue.

INTELECTUAL

• Nomeia formas geométricas simples.
• Reconhece letras e numerais.
• Mostra grande curiosidade sobre o mundo e as pessoas.

COMO INCENTIVAR SEU ALUNO DE **4 ANOS**

FÍSICO

• Dê às crianças bastante tempo para brincadeiras, com variedade de materiais a ser explorados.
• Ofereça diversas atividades em que a criança utilize a coordenação motora fina, como papéis, quebra-cabeça, lápis, argila etc.
• Lembre-se: 4 anos é uma idade em que as crianças têm energia de sobra e estão a todo vapor. Aproveite essas características para as aulas.

EMOCIONAL

• Seja compreensiva e paciente.
• Ofereça novos desafios e elogie sempre que possível.
• Encoraje seus alunos a brincar de faz-de-conta, criando histórias imaginárias.

SOCIAL

• Estabeleça no planejamento tempo suficiente para brincadeiras dentro e fora da sala de aula.
• Defina regras claras e significativas, siga-as atentamente.
• Planeje atividades que envolvam trabalho em grupo; trabalhe com o grupo a importância de respeitar o coletivo e lidar com o mesmo.

LINGÜÍSTICO

• Tenha senso de humor e ria com seus alunos; leia histórias engraçadas.

• Faça rimas, mesmo que sem sentido, mas divertidas.
• Responda às questões quando puder; em outros momentos, pergunte de volta: "O que você acha?".
• Explore os momentos de produção lingüística livre para que eles expressem o que estão internalizando.

INTELECTUAL

• Faça pesquisas; chame convidados à sala de aula; visite locais que estejam estudando, trabalhe matemática antes no concreto.
• Proporcione às crianças situações reais da vida cotidiana.
• Sugestão de brinquedos: ação e aventura, dedoches, dominó, use formas geométricas, blocos lógicos etc.

A CRIANÇA DE **5 ANOS**

FÍSICO

• Cresce muito, embora de forma mais lenta e regular.
• Demonstra maior desenvolvimento motor, auditivo e visual.
• É muito ativa e está sempre pronta a adquirir novas experiências.
• Despende muita energia, cansa-se e não percebe. O descanso é necessário, porém deve ser sugerido. Precisa dormir cerca de 11 horas por noite.
• Consegue saltar, galopar, lançar, chutar.

• Desenha figuras mais claras, corta e alinhava, amarra sapatos; penteia cabelos; preocupa-se com a aparência.

EMOCIONAL

• Demonstra boa noção de si mesma (auto-imagem).
• Quer dar e receber afeição.
• Fica irritada quando não consegue realizar algo.

SOCIAL

• Necessita conhecer o mundo que a cerca.
• Precisa saber sobre as diferenças entre os sexos.
• Interage no grupo e consegue seguir as regras.
• A brincadeira de faz-de-conta é mais elaborada.
• Sente vontade de agradar os adultos.

LINGÜÍSTICO

• Comunica-se bem; usa tempos verbais e expressões adequadas na língua materna.
• Consegue dizer seu nome completo, endereço, telefone e aniversário em português.
• Consegue dizer uma história na seqüência (e retomá-la).
• Fala sem articulação infantil.
• Sabe preposições e opostos.
• Consegue identificar letras e sons.

INTELECTUAL

• Consegue contar até 20; reconhecer numerais até 10 e fazer relações entre eles e quantidades.
• O tempo de concentração é cada vez maior.
• Faz desenhos nos quais já é possível reconhecer representações, coloca o seu nome e monta quebra-cabeças elaborados.
• A dimensão da memória se expande e começa a fazer comparações.
• Dá explicações e soluciona problemas.
• Consegue pôr em ordem alguns objetos e classifica itens em categorias simples.
• Indica para os outros quando está a "fingir" e quando alguma coisa é "real".

COMO INCENTIVAR SEU ALUNO DE **5 ANOS**

FÍSICO

- Ofereça exercícios desafiadores.
- Proporcione atividades de artes diferenciadas.
- Elogie a criança por sua independência.

EMOCIONAL

- Elogie-a com entusiasmo; encoraje-a a falar de si própria.
- Planeje atividades em que as crianças alcancem sucesso.
- Beije, abrace, acaricie, demonstre afetividade pelos alunos.

SOCIAL

- Utilize jogos simples.
- Ajude as crianças a planejar as regras da sala de aula.
- Encoraje os alunos a ser prestativos na aula e em casa.

LINGÜÍSTICO

- Promova um ambiente onde as crianças possam usar a língua; seja um ouvinte interessado.
- Promova jogos nos quais as crianças devem dar informações pessoais.
- Exponha os alunos a grande quantidade de literatura.

INTELECTUAL

- Faça jogos e use objetos do cotidiano para trabalhar com as letras e os sons.
- Planeje atividades coletivas que demandem tempo.
- Deixe as crianças manipularem e organizarem seus materiais, estojos etc.
- Brinquedos sugeridos: software para crianças, brinquedos que estimulem a expressão da criatividade.

A CRIANÇA DE **6 ANOS**

FÍSICO

• Consegue fazer movimentos mais elaborados; estalar os dedos; piscar somente um olho.

• Consegue cortar com melhor precisão; fazer caminhos com o lápis.

• Aprecia atividades que envolvam movimento corporal e música.

EMOCIONAL

• Tem muito senso de humor.

• Quer sempre ser a primeira, a mais querida, a mais elogiada, a que sempre vence.

• É muito sensível ao estado emocional do adulto.

• Sabe reconhecer uma injustiça e ressente-se com ela.

• Necessita de muito carinho e amor em suas relações, em casa e na escola.

• Pode tornar-se emotiva, expansiva, ou indiferente, apresenta muita oscilação emocional. É disposta, pacífica, carinhosa, amável, amiga, quando está calma.

• Chateia-se com menos facilidade; sente-se lisonjeada com um elogio.

• Já percebe com mais clareza suas características, tanto físicas quanto psíquicas.

SOCIAL

• Sente necessidade de aceitação e aprovação do grupo.

• É muito sociável, sabe trabalhar com grupos de amigos e demonstra interesse por atividades coletivas.

• Usa novas táticas de combate e defesa.

• Gosta de tarefas domésticas.

• Nas suas brincadeiras dramatiza e imita muitas vezes a vida em família.

• Com um bom diálogo é convencida a fazer o que os adultos pedem.
• Compreende muito bem o nosso desapontamento e as nossas reprovações que devem existir, sempre acompanhadas de uma conversa.
• As brincadeiras de faz-de-conta são realizadas com colegas, onde cada um desenvolve um papel.
• É crítica para com os colegas e adultos.

LINGÜÍSTICO

• Utiliza táticas verbais como: é minha vez, eu vi primeiro... Pode e deve usar expressões como: por favor, com licença, obrigado, desculpe...
• Quando contrariada pelo adulto, reage com linguagem agressiva.
• Já possui maior familiarização com a língua, usando-a de maneira mais apropriada. Consegue, com facilidade, utilizar expressões que ouviu de outros.
• Utiliza-se de literatura com mais freqüência; manipula livros, revistas, figuras e aprecia esses momentos.

INTELECTUAL

• Consegue ler, escrever, ainda que em fase inicial.
• Aprecia problemas matemáticos, sentindo-se enaltecida quando os resolve.
• Mostra-se "encantada" com o mundo letrado, com outdoors, revistas, cartazes, placas.

COMO INCENTIVAR SEU ALUNO DE **6 ANOS**

FÍSICO

• Promova brincadeiras como Simon Says, com níveis de dificuldade diferentes.
• Proporcione atividades como percorrer trilhas, caminhos.
• Promova jogos com música e movimentos corporais.

EMOCIONAL

- Motive seus alunos a ser persistentes, e a não desistir quando não conseguem realizar algo.
- Tenha um olhar atento para cada particularidade de seus alunos, respeitando-os como indivíduos.

SOCIAL

- Proporcione atividades que sejam realizadas em grupos.
- Mostre resultado final de trabalhos concretos.

LINGÜÍSTICO

- Faça atividades de pares, como diálogos.
- Momentos de Show and Tell ajudam a criança a se colocar com maior desembaraço.

INTELECTUAL

- Trabalhe com pesquisas que envolvam movimento, como entrevistas.
- Promova jogos em grupos, competitivos e cooperativos.
- Brinquedos sugeridos: utilize sucata para modelar conteúdos específicos, jogos de faz-de-conta, gincanas, registros diversos.

4
Formando a copa

APRENDIZAGEM SIGNIFICATIVA

"Meaningful Learning" (significativa)	**"Rote Learning"** (por repetição)
Aprendizado não arbitrário, incorporando novo conhecimento às estruturas cognitivas já assimiladas.	Aprendizado arbitrário, não há incorporação do conhecimento às estruturas pré-existentes.
Esforço deliberado para estabelecer o vínculo aos conceitos cognitivos existentes.	Não há esforço para integrar o novo conhecimento a conceitos existentes na estrutura cognitiva.
O aprendizado é relacionado a experiências com eventos e objetos concretos.	O aprendizado não está relacionado a vivências e objetos concretos.
Há um compromisso afetivo – para relacionar o novo conhecimento ao conhecimento prévio.	Não há o compromisso – de relacionar o novo conteúdo ao conhecimento prévio.

Os componentes da aprendizagem significativa

DE ACORDO COM DAVID H. JONASSEN (1999), A APRENDIZAGEM SIGNIFICATIVA É:

- ATIVA: Interação com o meio ambiente, manipulação de objetos e observação do resultado dessas manipulações.
- CONSTRUTIVA: A atividade é essencial, mas insuficiente para a aprendizagem significativa. É preciso refletir sobre as atividades e as próprias observações e interpretá-las de modo a ter uma experiência de aprendizado significativa.
- INTENCIONAL: O comportamento humano é naturalmente direcionado por metas. Quando os alunos tentam alcançar as metas articuladas por si próprios, pensam mais e aprendem mais. A articulação do aprendizado próprio e o monitoramento do progresso desse aprendizado são ações cruciais para vivenciar o aprendizado significativo.
- AUTÊNTICA: Os pensamentos e as idéias dependem do contexto em que ocorrem para que sejam relevantes. A apresentação de dados e fatos não relacionados ao contexto separa o conhecimento da

realidade. Quando o aprendizado é contextualizado, relacionado à vida real e direcionado à resolução de problemas, obtém-se maior participação dos alunos.

- COOPERATIVA: Nós vivemos, trabalhamos e aprendemos em comunidade, naturalmente procurando idéias e a ajuda dos que estão ao nosso redor. Sempre negociamos solucionar nossas questões. Dentro desse contexto há muitas formas de ver o mundo e uma variedade de soluções para diversos tipos de problemas. O aprendizado significativo requer conversa e experiências em grupo.

Como energizar o aprendizado?

PROJETOS

Os projetos podem ser usados como complementação, reforço ou enriquecimento. Podemos focar um item específico em interdisciplinaridade, por exemplo. O aspecto de investigar, lidar com ações individuais e coletivas e envolver todos no processo, promove a integração do grupo e é fonte de motivação constante.

Na Educação Infantil sugerimos sempre o uso de mesas de interesse, criadas dentro do projeto com materiais trazidos pelos alunos ou desenvolvidos por eles.

Como exemplo, se estiverem estudando animais marinhos, pode-se solicitar às famílias das crianças para que estas tragam de casa fotos, brinquedos, livros, jogos, DVDs etc., relacionados ao assunto. Com esse material monta-se um canto, uma mesa de interesse na sala de aula, um mural, por determinado período de tempo, para que o vocabulário seja explorado e aproveitado para tornar a aprendizagem ainda mais significativa.

O papel do professor na aprendizagem significativa

O professor não assume mais o papel centralizador e sim o de facilitador, guia, moderador e de aprendiz. Como facilitador o professor provê ambientes ricos e experiências que se fazem necessárias para o estudo cooperativo. O professor é um co-aprendiz e um co-investigador, atuando junto aos alunos.

O papel do aluno na aprendizagem significativa

Um papel importante é o de explorador e pesquisador. A interação com o mundo real, concreto, e com as outras pessoas permite que o aluno proceda com suas investigações, hipóteses e aplique suas habilidades. Os alunos tornam-se professores também, à medida que compartilham suas descobertas e experiências. Tornam-se, portanto, produtores de conhecimento, capazes de contribuir significativamente para o mundo do conhecimento.

Por exemplo, atividades de *Show and Tell*, nas quais os alunos utilizam os materiais trazidos e os apresentam para seu grupo. Desde que conduzidos com tranqüilidade, esses momentos podem gerar grande produção lingüística em aula.

O que estimula o aprendizado

As crianças não só precisam de uma atmosfera que estimule a curiosidade, exploração e descobertas, mas também de contatos com a maior variedade de experiências possíveis. Há fortes evidências de que o estímulo variado, nos primeiros anos de vida, afeta o desenvolvimento intelectual. Quanto mais experiências diretas a criança tiver, melhor conhecerá o ambiente, o seu mundo, o que lhe trará confiança e segurança.

5

Deixando a copa crescer

ATIVIDADES: WARMERS

GERALMENTE SÃO ATIVIDADES curtas usadas logo no início da aula, tendo como principal objetivo a preparação do ambiente e das crianças para que a aula transcorra de forma agradável e produtiva. Se a primeira atividade da aula for interessante, isso fará com que a expectativa dos alunos em relação às atividades subseqüentes seja positiva, tornando a sala de aula um lugar propício para que o aprendizado ocorra de maneira significativa.

■ ATIVIDADE 1

Where's everybody? (Quem veio para a escola hoje?)

IDADE: A partir de 3 anos.

DURAÇÃO: 15 minutos.

OBJETIVO: Verificar quem veio para a escola e/ou quem não veio.

PROCEDIMENTO: Para verificar quem veio para a escola ou não, não há nada mais divertido do que cantar uma música, e um bom exemplo é a música "Where's Thumbkin", com a melodia de Frère Jacque. Em vez de cantar os nomes dos dedinhos, cante os nomes das crianças. Por exemplo:

Where's Gabriela? Where's Gabriela?
A criança responde: ***Here I am! Here I am!***
As outras cantam: ***How are you today, sir?***
Ela responde: ***Very well, thank you!***
E as outras cantam: ***Run away, run away.***
E a criança sai da sala.

VARIAÇÃO:
Where's thumbkin? Where's thumbkin?
Here I am! Here I am!
How are you today sir?
Very Well, thank you.
Run away, run away...
(Repetir com *pointer, tall man, ring man, baby* e *family*.)

ATIVIDADE 2

Simon Says

IDADE: A partir de 2 anos.
DURAÇÃO: 5 minutos.
MATERIAL: Nenhum material específico.
OBJETIVO: Aquecer os alunos para a aula, com vocabulário já conhecido.
PROCEDIMENTO: Este é um jogo no qual as crianças devem identificar o que o professor pede, imitando-o ou tocando em objetos que o mesmo solicita. Fale para os alunos tocarem as próprias barrigas, ou para eles imitarem macacos, e todos devem imitá-los. Ou então peça para crianças tocarem em algum objeto de determinada cor, ou de determinada forma.

VARIAÇÃO: No jogo original, a criança só deve repetir se a professora disser *Simon Says*. Caso contrário eles não devem repetir porque a instrução não foi adequada. Apenas crianças mais velhas, a partir de 4 anos conseguem brincar dessa maneira.

ATIVIDADE 3

Clap your Hands 1, 2, 3 (Bata Palmas 1, 2, 3)

IDADE: A partir de 2 anos.

DURAÇÃO: 5 minutos.

OBJETIVO: Aquecer para a aula e/ou revisar conteúdo que já foi trabalhado previamente.

MATERIAL: Nenhum material específico.

PROCEDIMENTO: Escolha algum tópico que as crianças tenham domínio (cores, números, animais, frutas etc.) e comece a falar palavras soltas referentes ao tópico (por exemplo: ***banana, apple, orange, lemon***). No meio dessas palavras, fale algo que não se relacione às mesmas (***banana, apple, orange, lemon, pink***). A criança deve bater palmas quando ouvir algo que não pertence ao conjunto.

ATIVIDADE 4

Chinese Whispers (Telefone sem Fio)

IDADE: A partir de 3 anos.

DURAÇÃO: 5 minutos.

OBJETIVO: Trabalhar com vocabulário conhecido.

MATERIAL: Figuras ou objetos reais.

PROCEDIMENTO: Mostre aos alunos algumas figuras ou objetos reais. Em uma roda, um aluno fala para o colega ao lado uma palavra ou frase relacionada à figura ou ao objeto em inglês. Esse colega deve repeti-la a outro colega, e assim por diante. Enfim, a última criança mostra ao grupo o que ouviu. Se a figura ou objeto for a mesma que o primeiro aluno falou, este é o vencedor.

ATIVIDADE 5

Flip Flop

IDADE: A partir de 2 anos.

DURAÇÃO: 3 minutos.

OBJETIVO: Aquecimento.

MATERIAL: Flashcards conhecidos.

PROCEDIMENTO: Mostre ao grupo as costas de um *flashcard* e rapidamente mostre a sua frente para as crianças, voltando o flashcard na posição de costas. Os alunos devem adivinhar o que está desenhado no flashcard.

ATIVIDADE 6

Jump Song (Vamos pular)

IDADE: A partir de 2 anos.

DURAÇÃO: 5 minutos.

OBJETIVO: TPR (*Total Physical Response*), envolvendo os nomes dos alunos no aquecimento.

MATERIAL: Nenhum material específico.

PROCEDIMENTO: Cante a canção "Jump Song", cujo ritmo você pode criar, chamando cada criança para participar. No item variação você verá possibilidades de outras ações para fazer com as crianças.

"Jump Song"

(Nome da criança), (Nome da criança),
Jump up and down, Jump up and down, Jump up and down,
(Nome da criança), (Nome da criança),
Jump up and down, now sit back down

VARIAÇÃO: Mude a ação — "*act like a clown*" ou "*spin all around*" em vez de "*jump up and down*"; mude nome da criança por "*everybody*".

ATIVIDADE 7

Today's Calendar (O Calendário de Hoje)

IDADE: A partir de 4 anos.

DURAÇÃO: 5 minutos.

OBJETIVO: Familiarizar as crianças com dias da semana e vocabulário sobre climas.

MATERIAL: Cartolina (ou EVA), canetinha, tesoura, cola.

PROCEDIMENTO: Na primeira aula do mês, monte com as crianças o calendário mensal, colocando os dias da semana e os possíveis climas: sol (*sun*), ensolarado (*sunny*), chuva (*rain*), chuvoso (*rainy*), vento (*wind*), com vento (*windy*), nuvem (*cloud*), nublado (*cloudy*). No começo de cada aula pergunte aos alunos como está o tempo. Eles devem completar o calendário com desenhos ou com peças de EVA montadas previamente. Cante alguma música relacionada ao tema, como, por exemplo: "There Are Seven Days in a Week" (música retirada do DVD *Barney goes to School*, que pode ser comprado em grandes magazines).

There are seven days, there are seven days
There are seven days in a week
There are seven days, there are seven days
There are seven days in a week
Sunday, Monday, Tuesday, Wednesday
Thursday, Friday, Saturday
Sunday, Monday, Tuesday, Wednesday
Thursday, Friday, Saturday

ATIVIDADE 8

Wave your hands / Acene com as mãos

IDADE: A partir de 2 anos.

DURAÇÃO: De 2 a 3 minutos.

OBJETIVO: Preparar as crianças para o início da aula de inglês.

MATERIAL: Nenhum material específico.

PROCEDIMENTO: Peça aos alunos para formar um círculo. Cante com eles a seguinte música, no tom que desejar:

Hands up, hands down
Hands up, shaking, shaking, shaking
Hands down, shaking, shaking, shaking
Hands up, wave your hands
Hands down, wave your hands and say Hello

No momento em que a música pede para as crianças falarem "*Hello*" elas devem cumprimentar umas às outras com as mãos.

ATIVIDADE 9

Up and down, turn around / Para cima e para baixo, gire

IDADE: A partir de 2 anos.
DURAÇÃO: 5 minutos.
OBJETIVO: Preparar as crianças para o início da aula de inglês.
MATERIAL: Nenhum material específico.
PROCEDIMENTO: Comece a aula com as crianças em círculo, cantando e fazendo os movimentos (no tom que desejar).

Up down turn around turn around
Up down turn around turn around
Up, up, up, up, up, up, up, up, and... down

No momento que estiver falando: *up, up, up*; vá se levantando aos poucos, devagar. Quando falar *down*, se jogue no chão rapidamente. Incentive os alunos a fazer o mesmo.

ATIVIDADE 10

Playing stand up, sit down / Senta, levanta (Morto-Vivo)

IDADE: A partir de 2 anos.
DURAÇÃO: 5 minutos.
OBJETIVO: Preparar as crianças para o início da aula.
MATERIAL: Nenhum material específico.
PROCEDIMENTO: Peça aos alunos para se levantar. Explique que eles irão

fazer uma brincadeira, e comece dando os comandos ***up*** and ***down*** numa seqüência sem lógica, fazendo os movimentos junto com as crianças. Depois, fale os comandos ***stand up*** (levante-se) e ***sit down*** (sente-se). Encoraje os alunos a fazer o mesmo.

VARIAÇÃO: Com crianças mais velhas você pode até brincar de morto ou vivo usando ***stand up*** e ***sit down*** como padrão.

6
Dando flores

PRÁTICAS:
JOGOS EM SALA, JOGOS EM AMBIENTES EXTERNOS, ARTES

NA FAIXA ETÁRIA à qual se destina este livro, as crianças ainda não conseguem se concentrar por muito tempo em uma determinada atividade, daí a necessidade das aulas serem dinâmicas, com atividades variadas. As crianças apreciam atividades que envolvam música e/ou movimento corporal. Elas aprendem através com suas próprias experiências, descobrindo a si mesmas e o mundo por meio de atividades desafiadoras e significativas, que sejam pertinentes à sua realidade.

Ao escolher as atividades, lembre-se que nessa fase as crianças precisam modelar a língua, e as práticas devem ter maior controle no início e aos poucos permitirem maior liberdade. A correção será sempre importante e deve ser tratada como parte do aprendizado.
PENSE SEMPRE: Qual é o ganho para o meu aluno no idioma?

Práticas controladas diversas

ATIVIDADE 1

Faces Workshop / Oficina de Rosto

IDADE: A partir de 3 anos.

DURAÇÃO: 15 a 20 minutos, conforme a idade.

OBJETIVO: Aprender o vocabulário sobre partes do rosto.

MATERIAL: Deixe já preparados vários recortes de revistas com olhos, bocas, narizes, orelhas (cada recorte numa mesa ou canto diferente), cola e folhas de papel A4, uma para cada aluno.

PROCEDIMENTO: Esta é uma atividade para ser feita quando você estiver ensinando *parts of the body*. Cada criança terá uma folha de papel para que ela cole os recortes.

Diga uma palavra referente à parte do rosto que quer que as crianças peguem, por exemplo: *Eyes! One, two, three, go!!!*. E as crianças pegam rapidamente de acordo com seu comando e colam na folha, assim vai se repetindo com as outras partes do rosto, até que completem suas colagens. Você pode aproveitar para fazer um mural.

ATIVIDADE 2

Unfinished Drawing (Desenho Inacabado)

IDADE: A partir de 4 anos.

DURAÇÃO: 10 minutos.

OBJETIVOS: A criança deve identificar e nomear o desenho.

MATERIAL: Lousa, giz, apagador.

PROCEDIMENTO: Desenhe na lousa uma parte de algum desenho. Chame uma criança para descobrir qual é o desenho completo dessa parte. Ganha o jogo a criança que adivinhar, e esta, por sua vez, pode desenhar uma parte de um desenho e perguntar a outro amigo qual o desenho completo a que se refere essa parte.

ATIVIDADE 3

Dictated Drawing (Ditado de Desenho)

IDADE: A partir de 4 anos.

DURAÇÃO: 15 minutos.

OBJETIVO: A criança deve desenhar o que a professora pede. Para tanto, precisa identificar o que é pedido.

MATERIAL: Papel, canetinha (lápis de cor ou giz de cera).

PROCEDIMENTO: Diga o que os alunos devem desenhar. Para incrementar esse jogo, cada criança pode ditar uma parte do desenho, como, por exemplo: "A table" (aluno 1); "A pencil" (aluno 2). Então, todos na classe desenham uma mesa e depois desenham um lápis sobre a mesa. "Yellow" (aluno 3). As crianças podem pintar tanto a mesa quanto o lápis de amarelo. E assim por diante, até todos os alunos terem dado o comando do ditado.

ATIVIDADE 4

Hanging Clothes (Varal de roupas)

IDADE: A partir de 4 anos.

DURAÇÃO: 20 minutos.

OBJETIVO: Exercitar o vocabulário de roupas e as respectivas cores.

MATERIAL: Corda de varal ou barbante, pregadores, roupas de papel, previamente preparadas pelao professora, de acordo com o vocabulário que pretende explorar.

PROCEDIMENTO: Combine com seus alunos que eles ajudarão a estender as roupas "lavadas". Pendure, então, as roupas no varal, explorando os detalhes, por exemplo: *Hang a pair of blue socks on the left. Hang a pink shirt between the socks and the skirt.*

Explore o vocabulário que estiver trabalhando em relação a roupas.

VARIAÇÃO: As crianças podem desenhar seu próprio varal em uma folha de sulfite A4, e criar livremente as peças. Pode-se dar continuidade à atividade trabalhando em pares para que cada um conte ao colega como ficou seu varal.

ATIVIDADE 5

Tchu tchu train

IDADE: A partir de 3 anos.

DURAÇÃO: 10 a 15 minutos.

OBJETIVO: Prática controlada de novas estruturas e diálogos.

MATERIAL: Nenhum material específico.

PROCEDIMENTO: Coloque uma criança de frente para outra (em pares) e as outras sucessivamente para ficar parecido com um trenzinho. Uma criança pode perguntar para outra:

A: What's your name?	**B:** My name's ....

ou ainda:

A: Hello *(nome da criança)*	**B:** Hello.
A: How are you?	**B:** I'm fine. And you?
A: I'm fine.	

Quando terminam o diálogo apenas uma das filas vai andar. O primeiro aluno irá para o final da fila e assim sucessivamente.

Outros exemplos:

A: How old are you?	**B:** I'm .... years old.
A: Do you like pets?	**B:** Yes, I like dogs.

ATIVIDADE 6

Real People Puppets (Palitos de Pessoas Reais)

IDADE: 4 a 6 anos.

DURAÇÃO: 20 minutos.

OBJETIVO: Ensinar o vocabulário de família. Peça para as crianças mostrarem e contarem (*Show and Tell*) sobre a família deles.

MATERIAL: fotos das famílias das crianças, que possam ser recortadas ou cópias das mesmas; palitos de sorvete ou pirulito, cola.

PROCEDIMENTO: Peça para as crianças trazerem fotos da família (que possam ser cortadas), ou providencie cópias. Com as crianças, corte as fotos e cole em palitos de sorvete ou pirulito. Deixe que apresentem suas famílias oralmente:

This is my . . . . *His / her name is* . . . .

VARIAÇÃO: As crianças também podem desenhar suas famílias ao invés de usarem fotos.

ATIVIDADE 7

Find someone who... (Encontre alguém que...)

IDADE: A partir de 5 anos.

DURAÇÃO: 10 a 15 minutos.

OBJETIVO: Promover a prática de determinadas estruturas da língua e vocabulário específico.

MATERIAL: Folha de atividade, lápis para colorir.

PROCEDIMENTO: Rever com os alunos as perguntas que devem fazer, por exemplo: *Do you like bananas? Yes, I do.* Ou: *No, I don't.* Na seqüência, pedir que entrevistem 3 colegas na classe. Eles devem escrever o nome do amigo e colorir a resposta. Ao término da atividade deixe que as crianças compartilhem o resultado. Durante a atividade, a professora deve circular entre os alunos e corrigir a pronúncia e as eventuais falhas de estrutura etc.

Name			
XXX	☺ ☹	☺ ☹	☺ ☹
XXX	☺ ☹	☺ ☹	☺ ☹
XXX	☺ ☹	☺ ☹	☺ ☹
XXX	☺ ☹	☺ ☹	☺ ☹

ATIVIDADE 8

Matching Shapes Game (Encontre a forma correta)

IDADE: A partir de 2 anos.

DURAÇÃO: 5 minutos.

OBJETIVO: Revisar as formas geométricas e cores.

MATERIAL: Figuras geométricas em dois tamanhos diferentes. As cores das mesmas formas não devem se repetir.

PROCEDIMENTO: Cada criança terá sua vez de pegar uma figura grande uma pequena para formar um par. Tenha um número de figuras maior que o de alunos na aula. Incentive a criança a falar a forma que está pegando: *circle, square, triangle, rectangle, heart, diamond*. Se já tiverem aprendido *big/small*, peça que acrescentem. Para crianças mais velhas solicite a frase: *This is a big square. This is a small square.*

VARIAÇÃO: Trabalhar com os pares de cores.

ATIVIDADE 9

Basketball Game (Jogo de basquete)

IDADE: A partir de 3 anos.

DURAÇÃO: 5 a 10 minutos.

OBJETIVO: Revisar números até 10.

MATERIAL: Uma bacia grande de plástico, 10 bolas de plástico pequenas.

PROCEDIMENTO: As crianças menores podem colocar as bolas na bacia, contando os números até 5. As maiores podem jogar um pouco mais de longe. Outros objetos podem ser utilizados, como saquinhos de 5 Marias, bolas de tecido etc. Todas as crianças devem ter a oportunidade de jogar ou colocar bolas na bacia. Ao conferir as bolas, conte, em voz alta, com toda a classe.

ATIVIDADE 10

Go find a... (Ache um[a]...)

IDADE: A partir de 3 anos.

DURAÇÃO: 5 a 10 minutos.

OBJETIVO: Prática com TPR (*Total Physical Response*) e vocabulário específico, definido por você.

MATERIAL: Objetos ou flashcards que identifiquem o que você vai pedir.

PROCEDIMENTO: Mostre os objetos ou flashcards para as crianças, retomando o vocabulário desejado. Espalhe os objetos ou figuras pela classe. Chame uma criança por vez e diga, por exemplo:

Go to the .... *ou* *Go find a* ....

VARIAÇÃO: As crianças maiores podem ir chamando os colegas e nominando os objetos ou figuras.

Práticas com jogos

JOGOS COOPERATIVOS/COMPETITIVOS

São atividades que ensinam às crianças valores e noções que serão fundamentais ao longo de toda a sua vida. Tais jogos trabalham com uma série de sentimentos, como auto-estima, autocontrole, paciência, frustração, cooperação, entre outros, além de trabalhar conceitos como fracasso e sucesso, derrota e vitória, perda e ganho, ensinando aos pequenos importantes valores para suas vidas cotidianas. Considerando a produção oral, é um ótimo momento para correção, repetição e memorização. Aproveite esses momentos para trabalhar pronúncia e entonação.

Indoor Games — Jogos para a sala de aula

ATIVIDADE 1

Tic Tac Toe (Jogo da Velha)

IDADE: A partir de 5 anos.

DURAÇÃO: 15 minutos.

OBJETIVO: Fazer fileiras iguais de bolinhas (*noughts*) ou cruzinhas (*crosses*), na seqüência horizontal, vertical ou diagonal. O grupo que fizer as fileiras primeiro é o vencedor.

MATERIAL: tabuleiro para o *Tic Tac Toe*, 5 pecinhas de cada grupo, diferentes flashcards.

PROCEDIMENTO: Divida a classe em dois grupos. Um grupo marcará o *Tic Tac Toe* com *noughts* (desenhar na lousa, confeccionar de papel etc.) e o outro grupo com *crosses*. Desenhe na lousa um grande quadrado, com 9 espaços. Numere-o de 1 a 9.

1	2	3
4	5	6
7	8	9

Há diversas maneiras de jogar *Tic Tac Toe*, entre elas:

A Coloque um flashcard em cada quadrado. As crianças (o grupo) devem escolher um local para colocar sua peça. Escolhido o local, os alunos devem falar em inglês o nome da figura que está no flashcard. Se acertarem, eles colocam a peça no local escolhido.

B Tenha uma questão para cada um dos 9 quadrados. Quando o grupo escolher um local para jogar, faça a pergunta correspondente ao local. O grupo só coloca a peça se acertar a pergunta. A pergunta deve ser feita de acordo com o assunto que está sendo estudado.

C Embaralhe uma figura (mini puzzle) em cada um dos quadrados. O grupo desembaralha a figura e fala o que descobriu. Se acertarem, colocam a peça no quadrado.

ATIVIDADE 2

Hide and Seek (Esconde-esconde)

IDADE: A partir dos 3 anos.

DURAÇÃO: 10 minutos.

OBJETIVO: As crianças devem encontrar o que a professora escondeu anteriormente.

MATERIAL: Flashcards (que podem ser substituídos por adesivos, desde que com as mesmas figuras).

PROCEDIMENTO: Antes de a aula começar, esconda alguns flashcards pela sala. Depois que os alunos chegarem, eles devem procurar os flashcards escondidos. Então eles devolvem os flashcards àao professora, nomeando cada um,deles.

VARIAÇÃO:

Hide and Seek I

Parecido com o jogo anterior, ao professora deve esconder flashcards pela sala de aula. Porém, os flashcards devem formar duplas da mesma figura. Um flashcard é escondido e o outro é dado ao aluno (ou dupla de alunos), que deve encontrar o par.

Hide and Seek II

Semelhante ao jogo anterior. A diferença é que em vez de utilizar flashcards de duplas iguais, devem-se utilizar flashcards de coisas que combinem, como pasta e escova de dentes, sapato e meia. Pode-se também utilizar flashcards de animais adultos e filhotes.

ATIVIDADE 3

Relay Races

IDADE: A partir de 3 anos.

DURAÇÃO: 15 minutos.

OBJETIVO: A criança deve identificar o vocabulário já estudado.

MATERIAL: Flashcards ou figuras.

PROCEDIMENTO: Faça um mural com diversas figuras, como animais, profissões, cores, partes do corpo, entre outras. Divida os alunos em grupos e coloque-os em filas, de frente para o mural e a uma certa distância. A idéia é que cada aluno de determinada posição da fila jogue com seu adversário. O primeiro de uma fila joga com o primeiro de outra fila, e assim por diante.

VARIAÇÕES:

1 Pergunte aos alunos o nome em inglês de algo que esteja no mural.

2 Jogue Chinese Whispers (conforme indicado em Warmers): fale uma palavra para os últimos alunos da fila. Estes devem repeti-la aos colegas posteriores, e assim por diante. Quando os primeiros da fila ouvirem a palavra, devem sair correndo e encontrá-la no mural, tocando-a.

ATIVIDADE 4

The Number Game (O Jogo dos Números)

IDADE: A partir de 4 anos.

DURAÇÃO: 5 minutos.

OBJETIVO: Consolidar os números, estimular o raciocínio e o trabalho em grupo.

MATERIAL: Números de 1 a 10 escritos separadamente em folhas de papel sulfite A4.

PROCEDIMENTO: Diga um número para cada criança de modo que se repitam, para que haja dois números 3, três números 2 etc. Coloque os papéis A4 com números aleatoriamente pelo chão. Peça às crianças que procurem seus números e quando os encontrarem, levantem-nos. Fale os números, também aleatoriamente, e todas as crianças do grupo devem levantar a mão junta.

VARIAÇÃO: Introduzir instruções mais complexas, como: *Make groups of three boys and two girls. Make groups of four with the same color hair or eyes.*

ATIVIDADE 5

Fruit Cocktail

IDADE: A partir dos 3 anos.

DURAÇÃO: 10 minutos.

OBJETIVO: Identificar e nomear um vocabulário previamente estudado.

MATERIAL: Cadeiras.

PROCEDIMENTO: Faça uma roda com cadeiras com um número de cadeiras inferior em uma unidade em relação ao número de alunos. Uma criança fica no meio do círculo, enquanto o resto deve se sentar. Fale a cada um dos alunos sentados um nome de um animal (pode ser fruta, profissão, cor, número etc.), repetindo o mesmo animal algumas vezes. Relembre aos alunos quais animais eles são. O aluno que está em pé no meio da roda fala o nome de algum animal. As crianças que forem tais animais devem tentar mudar de lugar, sem deixar a criança que está no meio capturá-las. A pessoa que está no meio tenta sentar também. A única criança que ficar sem lugar para se sentar é a pegadora na próxima rodada.

ATIVIDADE 6

Brazilian Food (versão em inglês do Jogo Comida Brasileira)

IDADE: A partir de 3 anos.

DURAÇÃO: 5 minutos.

OBJETIVO: A criança deve reconhecer a palavra que não pertence ao grupo.

MATERIAL: Flashcards ou nenhum material.

PROCEDIMENTO: Comece a falar uma série de cores, por exemplo (se optar por usar material, mostre aos alunos alguns flashcards de cores). Intercale com algo que não seja cor (*yellow, blue, red, DOG, pink*). As crianças devem bater palmas quando ouvirem a palavra *dog*, pois não pertence ao grupo. E assim por diante.

ATIVIDADE 7

How's the weather? (Como está o tempo?)

IDADE: A partir de 5 anos.

DURAÇÃO: 15 minutos.

OBJETIVO: Fixar o vocabulário de vestuário e clima.

PROCEDIMENTO: Providencie as roupas usadas para tempo quente, frio, chuvoso etc. Cada criança escolherá uma peça de roupa e dirá para as outras: *It's sunny and I wear...* (a peça de roupa escolhida); e assim será feito com todas as roupas, e citando os outros tipos de clima.

VARIAÇÃO: Pode-se providenciar uma mala, onde a criança colocará a roupa que usará para praia, montanha etc., sendo que a criança deve descrever o que coloca dentro da mala (*I am going to the beach and I am taking*...).

ATIVIDADE 8

First Shape Game (Jogo das Primeiras Formas)

IDADE: A partir de 3 anos.
DURAÇÃO: 5 a 10 minutos.
OBJETIVO: Identificar formas e praticar o vocabulário oralmente.
MATERIAL: Flashcards com formas, por exemplo: *circle, square, triangle, rectangle*. Uma roleta com o desenho das formas que serão ensinadas ou um saquinho com um flashcard de cada forma.
Uma cartela para cada grupo de até 6 crianças.
Figuras que contenham as formas que se pretende ensinar. É necessário ter pelo menos 4 figuras para cada criança. As figuras não precisam ser iguais. Você pode desenhar, utilizar recortes de revistas etc.

EXEMPLOS DE FIGURAS:
Circle: moeda, donut, sol, roda, relógio, balão, bola.
Rectangle: caixa de leite, embalagens, caminhão de carga, garrafa, porta, livro, cartão-postal.
Square: dado, Jack in the box, fogão, caixa, janela.
Triangle: pirâmide, pipa, chapéu de palhaço, telhado de casa, montanhas.

PROCEDIMENTO: Distribua 4 figuras por aluno. Se tiver a roleta, basta girar ou pedir que uma criança gire o instrumento. Se não tiver roleta, sorteie um dos cartões do saquinho com os flashcards.
De acordo com a figura sorteada, as crianças que tiverem figura similar devem colocar na figura da cartela. O vencedor é o grupo que primeiro ficar sem suas figuras.
VARIAÇÃO: Para crianças mais velhas, aumentar o número de formas, incluindo ***diamond, star*** e ***heart***, por exemplo.

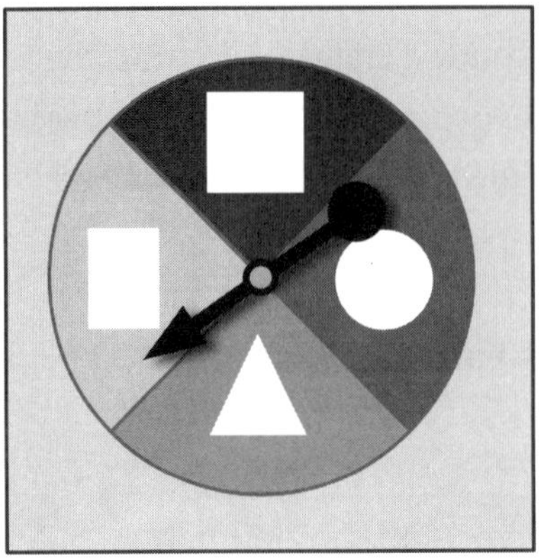

■ **ATIVIDADE 9**

Animal Race Board Game (Jogo de Tabuleiro: Corrida de animais)

IDADE: A partir de 4 anos.

DURAÇÃO: 20 minutos.

OBJETIVO: Trabalhar animais, comandos específicos e números.

MATERIAL: Papel cartolina, canetinha, botões, dado.

PROCEDIMENTO: Em uma roda, mostre para as crianças a cartolina (faça uma trilha de 0 a 20, previamente, na cartolina) e as canetinhas, e peça para os alunos desenharem animais nas casas de 0 a 20. Depois, coloque alguns comandos, como: "pule duas casas", "volte uma casa", imite um animal etc. Jogue o *board game* com os alunos, com o auxílio do dado.

SUGESTÃO: Divida as crianças em grupos pequenos. Cada vez que um do grupo for jogar o dado para andar uma casa, os restantes torcem pelo mesmo.

■ **ATIVIDADE 10**

Spot the Difference (Jogo dos 5 Erros)

IDADE: A partir de 4 anos.

DURAÇÃO: 10 minutos.

OBJETIVO: Estimular cooperação, atenção, trabalho em equipe e vocabulário específico.

MATERIAL: Dois desenhos por grupo, um com os 5 erros, e lápis de cor para as anotações.

PROCEDIMENTO: Divida os alunos em grupos pequenos, de 4 alunos se possível, e distribua duas versões de um mesmo desenho, que você mesma pode fazer, relacionado ao tema escolhido. Um dos desenhos deve conter 5 diferenças em relação ao outro. Peça aos alunos que, em grupo, identifiquem os erros. O primeiro grupo que terminar, vence o jogo. Confira oralmente os erros para treinar, mais uma vez, o vocabulário.

Outdoor Games (jogos em ambientes externos)

ATIVIDADE 1

Please Mr. Crocodile (Por favor, Sr. Crocodilo)

IDADE: A partir de 3 anos.

DURAÇÃO: 10 minutos.

OBJETIVO: Trabalhar animais da selva (ou qualquer outro tópico que seja relevante).

MATERIAL: Fita crepe ou durex colorido, flashcards de animais (diferentes e repetidos).

PROCEDIMENTO: Os alunos ficam atrás da linha, feita com a fita crepe ou durex. Devem ser feitas 2 linhas, como se fossem a margem do rio. Distribua para cada aluno um flashcard, exceto para uma criança. Escolha essa criança para ser o Mr. Crocodile, que deverá ficar no meio do rio, entre as linhas. Os alunos devem tentar atravessar o rio sem serem pegos. Para tanto, só podem fazer a travessia se o Mr. Crocodile autorizar. Os alunos perguntam: *Please, Mr. Crocodile. Can we cross the river?* O Mr. Crocodile, por sua vez, responde: *Yes, only if you are a monkey*. Somente os jogadores que estiverem segurando o flashcard do macaco podem atravessar o rio. O Mr. Crocodile deve tentar capturar os macacos. Caso ele consiga, estes se tornam também Mr. Crocodile. O jogo termina quando todos os alunos forem Mr. Crocodile, ou quando você achar que as crianças usufruíram o suficiente da prática.

ATIVIDADE 2

What time is it, Mr. Wolf? (Que horas são, Sr. Lobo?)

IDADE: A partir de 4 anos.

DURAÇÃO: 10 minutos.

OBJETIVO: Trabalhar quantidades numéricas.

MATERIAL: Pode ser uma capa de lobo, ou orelhas de lobo.

PROCEDIMENTO: Escolha um aluno para ser o Mr. Wolf. Os outros alunos caminham em volta do Mr.Wolf e perguntam: *What time is it, Mr. Wolf?*. Então, o Mr. Wolf deve responder as horas, por exemplo, *Three o'clock*. As crianças devem andar dando 3 passinhos. E assim por diante. Os alunos perguntam a hora, Mr.Wolf responde. Alunos andam quantos passos a hora marcar. Porém, quando os alunos perguntarem a hora e o Mr. Wolf responder *dinner time*, os alunos devem sair correndo e fugir do Mr. Wolf, pois este quer capturá-los para que eles se tornem Mr. Wolf também.

ATIVIDADE 3

The Hen and the Colored Eggs (A Galinha e os Ovos Coloridos)

IDADE: A partir de 4 anos.

DURAÇÃO: 15 minutos.

OBJETIVO: Trabalhar cores.

MATERIAL: Cenário de uma loja (pode ser de cartolina).

PROCEDIMENTO: Escolha dois alunos. Um será a galinha, o outro será o dono da loja. Os demais alunos serão os ovos. Os jogadores escolhem a cor que querem ser e dizem qual cor são para o dono da loja. Então, a galinha vai até a loja e pede por ovos de determinada cor, vermelhos, por exemplo. Jogadores que forem da cor vermelha devem fugir imediatamente da galinha, que tentará capturá-los. Quando a galinha conseguir capturar algum ovo, o jogo recomeça. Recomeça com o ovo sendo a galinha e a galinha sendo o ovo. Jogue até que todas as crianças tenham participado.

ATIVIDADE 4

Duck, Duck, Goose/ Pato, Pato, Ganso

IDADE: A partir de 2 anos.

DURAÇÃO: 5 minutos com os menores (2 e 3 anos), 10 minutos com maiores (4 a 6 anos).

OBJETIVO: Trabalhar animais da fazenda.

MATERIAL: Nenhum material específico.

PROCEDIMENTO: Peça às crianças para que sentem em um círculo. Escolha uma criança para iniciar a brincadeira. Ela deve andar ao redor do círculo, tocando a cabeça de cada aluno, dizendo *duck*. Quando essa criança tocar a cabeça de outra e disser *goose*, essa outra deverá se levantar e tentar pegar a criança que tocou em sua cabeça, que por sua vez deverá fugir do *goose*. A brincadeira termina quando todos os alunos tiverem participado.

VARIAÇÃO: Em vez de *Duck, Duck, Goose* pode ser *Horse, Horse, Donkey*.

ATIVIDADE 5

Spin the Bottle/ Gire a Garrafa

IDADE: A partir de 3 anos.

DURAÇÃO: 10 minutos.

OBJETIVO: Trabalhar alimentos.

MATERIAL: Flashcards de alimentos e uma garrafa.

PROCEDIMENTO: Faça uma roda com os alunos, colocando os flashcards no meio da roda e a garrafa no centro. Comece o jogo perguntando a algum aluno qual sua comida favorita, dentre aquelas que aparecem nos flashcards. Peça ao aluno que gire a garrafa. Se a garrafa cair no flashcard que mostra a tal comida, o aluno ganha um ponto. E assim por diante, até que todos tenham participado da brincadeira.

ATIVIDADE 6

The Spider Spies (A Aranha Espiã)

IDADE: A partir de 3 anos.

DURAÇÃO: 10 minutos.

OBJETIVO: Trabalhar partes do corpo.

MATERIAL: Aranha (de brinquedo ou de papel).

PROCEDIMENTO: Peça aos alunos para formar uma roda (em pé ou sentados). Caminhe em volta da roda com a aranha e diga: *Spider, spider, the spider spies...*, e coloque a aranha em determinada parte do corpo de alguma criança. Então, os alunos devem dizer o nome da parte do corpo. A primeira criança que disser a parte do corpo fica com a aranha e continua a brincadeira.

ATIVIDADE 7

Ball Chain (Seqüência com Bola)

IDADE: A partir de 3 anos.

DURAÇÃO: 15 minutos.

OBJETIVO: Introduzir qualquer vocabulário específico desejado.

PROCEDIMENTO: Com uma bola, sente numa roda com as crianças. Se for ensinar, por exemplo, cores, comece dizendo: *My favorite color is...* e passe a bola para a criança ao lado para que ela continue e assim por diante, até que todas as crianças brinquem.

VARIAÇÃO: Temas sugeridos: *My favorite animal is...; My best friend is...; My favorite food is...; my favorite toy is... etc.*

ATIVIDADE 8

Hopscotch (Amarelinha)

IDADE: A partir de 4 anos.

DURAÇÃO: 10 minutos.

OBJETIVO: Trabalhar números em inglês.

MATERIAL: Giz de lousa, peça para marcar a casa no chão, e dado.

PROCEDIMENTO: Desenhe no chão números de 1 a 10, dispostos da mesma maneira que no jogo de amarelinha. Antes do número 1 escreva *Start*, depois do número 10 escreva *End*. Peça a algum aluno para jogar o dado. Suponha que o dado caiu no número 6. A criança deve pular, em um pé só, até a casa 6. Peça aos outros alunos para fazer o mesmo procedimento. A primeira criança que chegar no *End* é a vencedora. Enquanto um aluno joga o dado, incentive o restante a contar quantas casas o colega deve pular.

ATIVIDADE 9

I found a... (Eu achei um[a]...)

IDADE: A partir de 3 anos.

DURAÇÃO: 10 minutos.

OBJETIVO: Trabalhar e consolidar *shapes* and *colors*.

MATERIAL: Figuras de diferentes cores e formas geométricas.

PROCEDIMENTO: Divida a classe em 2 grupos. Dê a cada aluno do Grupo A duas figuras. Eles devem escondê-las (no parque, por exemplo). Os alunos do Grupo B devem tentar achá-las em 5 minutos. Cada vez que uma criança encontrar uma figura deve falar: *I found! I found a...*; dizendo a cor e o nome da forma encontrada. Depois, peça aos grupos para trocarem de posições. O grupo vencedor é aquele que encontrar todas as peças em menos de 5 minutos.

ATIVIDADE 10

Jumping Rope (Pulando Corda)

IDADE: A partir de 5 anos.

DURAÇÃO: 10 minutos.

OBJETIVO: Trabalhar determinada música, revisá-la.

MATERIAL: Corda e música (oral ou CD com músicas).

PROCEDIMENTO: Peça a dois alunos para segurar a corda nas extremidades, e um terceiro aluno deve tentar cantar a música e pular corda ao mesmo tempo. Quando esse aluno se confundir e errar, outro deve assumir o seu lugar. O vencedor é aquele que conseguir cantar e pular corda por mais tempo.

Arts and Craft (Artes)

ATIVIDADE 1

Faces- Gap Activity (O que falta neste rosto?)

IDADE: A partir de 4 anos.

DURAÇÃO: 10 minutos.

OBJETIVOS: Revisar e/ou consolidar o trabalho com partes do rosto e revisar cores. Vocabulário sugerido: *eyes, hair, nose, mouth, ears, eyebrows. What color is/are...?*

MATERIAL: Tinta, lápis de cor ou giz de cera, pratinhos de papel ou cartolina em forma de círculo, fotos de rosto.

PROCEDIMENTO: Desenhe algumas figuras de rosto com cores diferentes para cabelos, olhos etc. Divida a classe em pares. Uma criança responderá as perguntas para o colega desenhar o rosto e a outra com o material fará a parte de artes, como pratinho, tintas etc. A criança com o material pergunta, por exemplo: *What color is the nose?* Quando a outra criança responde, por exemplo: *Yellow*; a primeira pinta um nariz amarelo no pratinho, e assim por diante, até completar a figura. Ao terminar as crianças trocam de papel para que a outra produza o rosto no pratinho.

ATIVIDADE 2

Teddy Bear Face Prints (Impressão do Ursinho)

IDADE: A partir de 2 anos.

DURAÇÃO: 15 minutos.

OBJETIVO: Seguir instruções e identificar partes do rosto.

MATERIAL: Cartolinas em tamanho A4 em branco, tinta lavável, tinta para pintura a dedo, botões para os olhos do ursinho (opcional), cola.

PROCEDIMENTO: Mostre às crianças um exemplo da atividade que vão fazer. Entregue as folhas em branco. Ensine a fazer o carimbo do rosto do Teddy bear com a palma da mãoe ajude as crianças a fazer os delas. Carimbe, com outra cor, as orelhas, o nariz (e os olhos). Se for utilizar os botões, cole-os com as crianças. Desenhe o nariz e a boca.

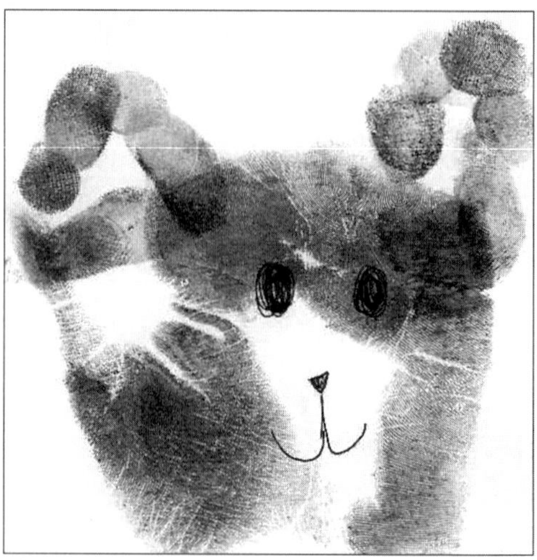

ATIVIDADE 3

My Favorite Color (Minha Cor Favorita)

IDADE: A partir de 2 anos.
DURAÇÃO: 15 minutos.
OBJETIVO: Consolidar e/ou revisar as cores.
MATERIAL: Papel em branco (cartolina ou A4), tesouras, cola, revistas.
PROCEDIMENTO: Pergunte às crianças a cor favorita de cada uma delas. Mostre as revistas e explique que elas devem procurar apenas figuras que tenham como cor predominante a cor favorita delas. As crianças menores podem recortar as gravuras com a mão.
Após recortarem as gravuras elas fazem a colagem das mesmas. Com esse material você pode montar um mural sobre cores.

ATIVIDADE 4

Kitchen Clay (Massinha Caseira)

IDADE: A partir de 2 anos.
TEMPO: 20 minutos.
OBJETIVO: Trabalhar animais da fazenda (o objetivo pode ser variável).
MATERIAL: *Ingredientes*: 3 xícaras de farinha de trigo, 1 xícara de água, ½ xícara de óleo, 1 xícara de sal, 1 pacote de suco (ou gelatina) de sua cor predileta. *Rendimento*: uma massinha que pode ser compartilhada por aproximadamente 10 crianças.
PROCEDIMENTO: Misture todos os ingredientes, colocando a água por último. Misture até que a massa fique consistente. Distribua a massa para os alunos, incentivando-os a fazer animais da fazenda. Peça a cada aluno que monte seu animal favorito. Deixe secar por 2 horas e dê aos alunos a massa para levarem para casa.
VARIAÇÃO: em vez de colocar gelatina, deixar a massa branca. Quando os alunos tiverem terminado de fazer os animais, peça a eles para pintar a massa com tinta guache.

ATIVIDADE 5

Make-believe Cow (Vaquinha Faz-de-Conta)

IDADE: A partir de 4 anos.

TEMPO: 15 minutos.

OBJETIVO: Trabalhar animais da fazenda.

MATERIAL: Rolo de papel higiênico vazio, papel crepom, cartolina, lã, cola, canetinha, tesoura.

PROCEDIMENTO: Enrole o tubo de papel higiênico com o papel crepom (da cor que a criança escolher). Corte, na cartolina, a cabeça, as patas e as orelhas da vaca. Peça aos alunos para desenhar a cara da vaca no papel, bem como as orelhas e patas. Cole as partes desenhadas na vaca. Por fim, corte a lã e cole-a na parte do rabo.

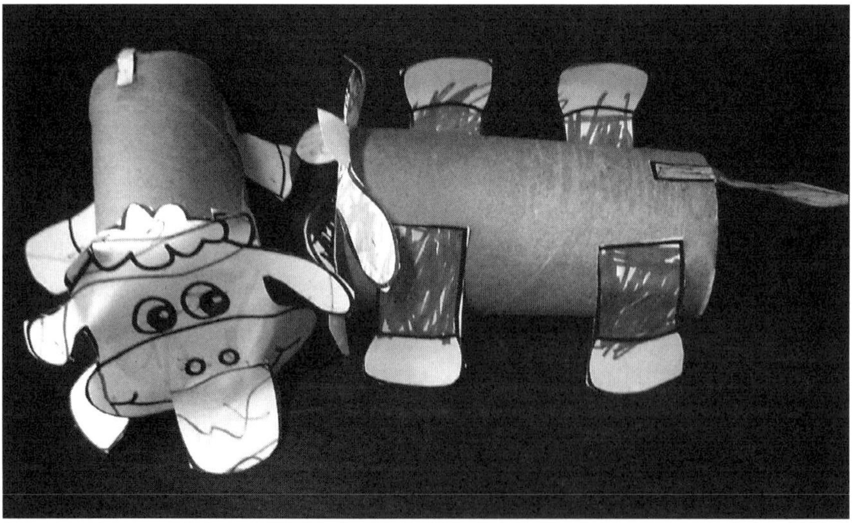

ATIVIDADE 6

Wardrobe (Guarda-roupa)

IDADE: A partir de 3 anos.

TEMPO: 20 minutos.

OBJETIVO: Trabalhar roupas em geral.

MATERIAL: Cartolina cortada em 4 pedaços (por aluno), papel celofane de qualquer cor, tesoura, cola, diferentes tipos e cores de papel (cartolina, espelho, color set, lumini color etc.), canetinha.

PROCEDIMENTO: Distribua a cada aluno o pedaço de cartolina (corte-o anteriormente). Peça aos alunos que dobrem o papel em duas partes, fazendo-nas se encontrar quando o pedaço estiver fechado. Isso dará a impressão que é um guarda-roupa, que abre e fecha a porta. No meio de cada porta, peça aos alunos que desenhem maçanetas. Em cima das portas, corte-as em forma de retângulo (de aproximadamente 2 X 4 centímetros). Isso fará com que o armário seja vazado. Cole o papel celofane nessa parte vazada, parecendo que o armário tem uma parte transparente (ou a cor de papel crepom que a criança escolher). Distribua os diferentes tipos de papéis e peça para os alunos inventarem (com desenhos e recortes) diferentes tipos de roupas. Por fim, peça aos alunos para colar as roupas do lado de dentro do armário, desenhando com a canetinha cabides em cima das roupas, como se estas estivessem penduradas.

ATIVIDADE 7

Weather Chart (Tabela do Tempo)

IDADE: A partir de 4 anos.

DURAÇÃO: 20 minutos.

OBJETIVO: Trabalhar *weather* and *season*.

MATERIAL: Papel cartolina de qualquer cor, bailarina (*pin*), canetinha, tesoura, revista ou jornal, cola, tesoura, furador.

PROCEDIMENTO: Peça aos alunos para recortar da revista (ou jornal) figuras que representem como está o tempo (sol, chuva, vento, nublado etc). Depois, distribua para cada criança um pedaço de cartolina previamente cortado em círculo (do tamanho de um prato de jantar), com um furo no meio. Peça aos alunos para dividir o círculo com canetinha em 4 pedaços, como se fosse uma minipizza. Então, as crianças devem colar 4 figuras de diferentes tipos de clima em cada um dos 4 pedaços. As crianças podem também desenhar o tipo de clima que preferem, caso não o encontrem na revista. Com outro pedaço de cartolina, desenhe (ou os alunos desenham, depende da faixa etária) uma flecha de 6 ou 8 centímetros. Fure-a no meio e coloque a bailarina por cima dela, encaixando ambas no furo do meio da cartolina, que foi feito no começo da atividade. Está pronto o *weather chart*: cada criança deve rodar a flecha, falando: *What's the weather like, what's the weather like*. A outra criança deve responder: *it's sunny, it's rainy, it's cloudy, it's windy* etc. As crianças levam o produto final: *weather chart* para casa e podem brincar com seus amigos e familiares.

ATIVIDADE 8

Book of Family (Meu Livro da Família)

IDADE: A partir de 3 anos.

DURAÇÃO: 15 a 20 minutos.

OBJETIVO: Ensinar o vocabulário de família: *mommy, daddy, brother, sister, baby*.

PROCEDIMENTOS: Divida uma folha sulfite A4 em 4 e entregue para cada criança de acordo com o vocabulário a ser ensinado (3 palavras, por exemplo: *mommy, daddy, baby* — 3 folhas etc.). Peça para que cada criança desenhe o membro de sua família em cada folha e quando terminarem, pegue cada um e fure com um furador na ponta. Passe um barbante ou fita em volta para que fique como se fosse um "colar" e "pendure" no pescoço de cada criança. Em seguida, cada um pode "apresentar" sua família para os outros. Os alunos devem levar a produção para casa.

ATIVIDADE 9

Happy-sad Doll (Boneco[a] Feliz/Triste)

IDADE: A partir de 3 anos.

DURAÇÃO: 15 minutos.

OBJETIVO: Trabalhar *feelings* e *emotions*.

MATERIAL: Papel color set (ou papel cartão) de qualquer cor, lã, botão, canetinha, giz de cera, lápis de cor, cola, tesoura, palito de sorvete (ou churrasco, mas sem ponta).

PROCEDIMENTO: Explore com a classe sentimentos e emoções, de modo que cada criança fale como se sente em determinada situação. Se necessário, use alguns flashcards com diferentes situações e peça aos alunos para que digam como se sentem de acordo com o que vêem. Distribua para os alunos botões (para olhos e nariz), lã (para o cabelo) e peça para que desenhem no papel color set (previamente cortado em círculo) uma carinha feliz. As crianças devem fazer o mesmo procedimento do outro lado do papel, desenhando a carinha triste.

Então, grude o palito de sorvete na ponta. Ao término da atividade, cada um pergunta para seu colega como se sente, e este deve responder usando a carinha.

Exemplo:

A: *How do you feel (today)?*

B: *I'm happy/sad.*

VARIAÇÃO: *angry/happy.*

ATIVIDADE 10

Magic Paint (Tinta Mágica)

IDADE: A partir de 2 anos.

DURAÇÃO: 20 minutos.

OBJETIVO: Trabalhar vocabulário de animais, frutas, objetos diversos, quantidade.

MATERIAL: Vela branca cortada em pedaços; anilina na cor desejada (ou várias cores); copos plásticos com um pouco de água para diluir a anilina; atividade sob o título: "Procure no desenho animais escondidos" pincéis; e pano para eventuais "acidentes".

PROCEDIMENTO: Faça antecipadamente a "tinta mágica" misturando um pouco de anilina com água. Explique a atividade a ser realizada (procurar e pintar os animais escondidos, por exemplo). Distribua os papéis e peça para que pintem o solicitado, utilizando um pedaço de vela. O desenho somente aparecerá com a "tinta mágica". Recolha as velas e distribua alguns copos com pincéis nas mesas. As crianças devem pintar o papel todo com a tinta, e assim "aparecerá" o desenho. Elas devem contar quantos animais acharam, quais são os seus nomes etc.

VARIAÇÃO: Utilizar a técnica para desenho livre.

7
Colhendo frutos

PRODUÇÕES

Jogos dramáticos

NO JOGO AS CRIANÇAS mantêm relações de dois tipos: lúdicas e reais. As lúdicas são as que se estabelecem de acordo com o argumento e o papel que cada uma desempenha. Já as relações reais são as que ocorrem entre as próprias crianças em seu papel de companheiros realizando algo em comum, o que lhes permite chegar a um acordo sobre o argumento e a distribuição dos papéis, bem como discutir as questões que possam surgir no jogo.

Através do jogo dramático, por exemplo, a criança satisfaz seus desejos de conviver com o adulto: reproduz as relações e as atividades de trabalho dos adultos de maneira lúdica. O jogo dá origem a mudanças qualitativas na psique infantil.

A criança em idade pré-escolar escolhe os objetos substitutos apoiando-se nas relações reais dos objetos. Está disposta a aceitar que a metade de uma vela seja um ursinho, que uma vela inteira seja uma ursa e que a caixa de velas seja a cama do ursinho. Mas a criança não aceitará uma variante na qual o ursinho seja a caixa e a vela a cama. Nesse caso, ela dirá para você: "Não, *teacher*, não é assim..."

A tarefa no jogo dramático consiste em cumprir as obrigações que o papel impõe e exercer os direitos em relação aos demais participantes do jogo.

Aproveitamos este momento para destacar o jogo dramático como excelente produção em que os alunos atuam livremente. Nessa fase não há correção de língua. Observamos e pontuamos em outro momento as eventuais falhas detectadas. Delimitar o cenário, contextualizar e deixar que atuem livremente são características importantes da fase de produção.

ATIVIDADE 1

Let's Play in the Park (Vamos Brincar no Parque)

IDADE: A partir de 4 anos.

DURAÇÃO: 20 minutos

OBJETIVOS: Brincar e aprender brincadeiras; adquirir respeito ao próximo; praticar boas maneiras como aprender a repartir, dar a vez, esperar sua vez, dizer "por favor" e "obrigado".

MATERIAL: Parque com brinquedos (ou quadra); brinquedos favoritos.

PROCEDIMENTO: Depois de trabalhar o vocabulário desejado em sala, retome combinados e repita as frases normalmente utilizadas nesse local para que possam brincar livremente. Você, professora, observa, toma anotações de outras possíveis frases, interfere somente nas situações de cuidados e verifica se estão se comunicando em inglês. Pode repetir frases de um modo correto, mas deixe que as crianças brinquem usando as frases espontaneamente.

VARIAÇÕES: **1** Pedir que levem brinquedos favoritos (um por criança) e brincar no parque aberto, quadra esportiva ou até em sala de aula (colocando as mesinhas ao redor da sala, ou em um grande círculo).

2 A aula pode ser enriquecida com a apresentação de um trecho do DVD *Barney — Good Manners*. **3** Apresentar a música "Please and Thank You" do Barney, e brincar de dança das cadeiras para fixação das palavras.

ATIVIDADE 2

At Home (Casinha)

IDADE: A partir de 3 anos.

DURAÇÃO: 20 a 30 minutos.

OBJETIVOS: Desenvolver o vocabulário usado em família, nas ações de rotina (acordar, dormir, comer, tomar banho), e conhecer as partes da casa.

MATERIAL: Variáveis, de acordo com o objetivo e idade; bonecos, fantoches ou dedoches; algumas peças de roupas que simbolizem o universo familiar; alguns objetos (ou figuras) que simbolizem as partes da casa.

PROCEDIMENTO: Defina o objetivo específico de língua. Trabalhe com as diferentes atividades para a prática e a fixação do vocabulário. Finalize organizando "os cômodos" da casa, definindo papéis e auxiliando no diálogo do faz-de-conta.

VARIAÇÃO: Com as crianças menores, as simples ações de brincar com fantoches e criar a atmosfera acolhedora e familiar já são bastante gratificantes. Brincar com pequenos diálogos ou comandos utilizando fantoches de *dad, mom* etc., pode revelar práticas reais das famílias.

ATIVIDADE 3

At School (Na Escola)

IDADE: A partir de 3 anos.

DURAÇÃO: 20 minutos.

OBJETIVOS: Trabalhar a rotina escolar e as profissões; definir os materiais escolares.

MATERIAL: Variáveis, de acordo com o objetivo e idade; bonecos, fantoches ou dedoches; algumas peças de roupas que simbolizem as pro-

fissões; alguns objetos (ou figuras) utilizados no material escolar.
PROCEDIMENTO: Definia o objetivo específico de língua. Trabalhe com as diferentes atividades para prática e fixação do vocabulário. Finalize organizando "os papéis" e auxiliando no diálogo do faz-de-conta. Pode-se montar alguns tópicos como "Hora do lanche", "Na classe", "Na secretaria", "Na portaria" etc.
VARIAÇÕES: **1** Solicitar que um pequeno grupo interprete (ou imite) as ações da *teacher* e dos *students*, enquanto as outras crianças observam. **2** Se disponível, utilize trechos do DVD *Vamos Brincar de Escola!* do Barney. Ele contém músicas como "O Desfile do Alfabeto"; "Adoro Ler"; "A Canção das Formas" e muitas idéias.

ATIVIDADE 4

Arts and Crafts (Artes)

IDADE: A partir de 2 anos.
DURAÇÃO: 20 minutos.
OBJETIVOS: Vocabulário de cores; modelagem (em argila, biscuit, ímãs); opostos (pela comparação da textura e espessura dos diferentes materiais como: papel, plástico, isopor, papelão, lixa, madeira etc.).
MATERIAL: Variáveis, de acordo com o objetivo e idade; papéis de diferentes tipos (sulfite, color set, kraft, crepom, dobradura, cartolina, papelão); lápis de cor, canetinhas, tintas, canetas para retroprojetor, cola colorida, cola glitter, cola 3D; pincéis, bandejas de isopor, bandejas de ovos, pedaços de papelão, tampas limpas de caixas de pizzas, pedaços de madeira, algodão, retalhos de tecidos, embalagens recicláveis, glitter etc. E também tesouras, revistas velhas, massas para modelagem.
PROCEDIMENTO: Defina o objetivo específico de língua. Trabalhe com as diferentes atividades para a prática e a fixação do vocabulário específico. Distribua o material a ser utilizado e deixe as crianças criarem com os mesmos (dentro de uma proposta como misturar cores, fazer um porta-retrato, modelar etc.). Verifique a utilização das frases de solicitação ou ainda canções que podem surgir nesses momentos.

VARIAÇÕES: **1** Ofereça os materiais e proponha uma tarefa, e deixe que utilizem o material que quiserem. Algumas vezes é enriquecedor deixar "lápis, canetinhas e papéis" fora das opções disponíveis. **2** Partindo do conhecimento dos materiais, coloque um CD com músicas já trabalhadas em sala e observe as crianças em suas produções artísticas, musicais etc. **3** Solicite caixas de leite vazias e lavadas para construir casas e castelos (como se fossem tijolos), sofás, cadeiras e mesinhas (para fazer casinha das bonecas etc.). **4** Garrafas de refrigerante vazias e limpas podem servir para montar um jogo de boliche colorido (trabalha-se quantidade, tamanho, competitividade e, ainda, cores primárias ou secundárias, misturando tintas e pintando a garrafa). Também fica bastante interessante colocar dentro das garrafas papel crepom picado ou transformado em bolinhas (sempre pelas mãos das crianças).

ATIVIDADE 5

Sports Board (Mural de Esportes)

IDADE: A partir de 5 anos.

DURAÇÃO: 20 minutos.

OBJETIVOS: Esportes, objetos utilizados nas diversas práticas, partes do corpo, hábitos saudáveis, resgate de brinquedos e brincadeiras.

MATERIAL: Variáveis, de acordo com o objetivo e idade; espaço amplo, bola(s), bambolês, cordas, giz de lousa etc.

PROCEDIMENTO: Depois de trabalhar com as diferentes atividades para a prática e a fixação do vocabulário específico, compare e relacione nomes de esportes em inglês com os nomes de partes do corpo e também com objetos utilizados para a prática de alguns esportes como: ***basket/ball***; ***foot/ball***; ***hand/ball***, entre outros. Converse com as crianças sobre o que sabem sobre as "regras dos esportes" e oriente-as para a confecção de um mural de esportes.

VARIAÇÕES: **1** Monte uma gincana com atividades esportivas ou brincadeiras, como se fossem estações, e a cada 5 minutos os grupos se alternam trocando de atividades. **2** Essa atividade deve ser complementada no mesmo dia com palestras para pais e filhos, enfatizando a importância do brincar (sozinhos, com amigos e também com os pais), comer com qualidade e praticar atividades físicas regularmente.

ATIVIDADE 6

Let's Dance with the Chairs (Dança das Cadeiras)

IDADE: A partir de 5 anos.

DURAÇÃO: 10 a 15 minutos.

OBJETIVOS: Produzir vocabulário de objetos da classe; apresentar comandos de aparelhos eletrônicos como *play, pause* e *stop*; consolidar qualquer música desejada.

MATERIAL: Música desejada; cadeiras.

PROCEDIMENTO: Depois de ter trabalhado um determinado vocabulário e apresentado uma música complementar, peça que cada aluno leve sua cadeira ao local em que será realizada a brincadeira. Organize a posição das cadeiras, lado a lado, paralelamente ou em círculo. Primeiramente, todos devem ter sua cadeira, sentar e pensar sobre as regras da brincadeira: para que lado vão andar, o que fazer com as mãos, o que fazer quando a música parar etc. Agora é só tocar a música escolhida, apertar a tecla *pause* e esperar que sentem. Depois de uma rodada de demonstração, retire uma cadeira para que sempre "falte uma", e a cada rodada uma criança sairá da brincadeira. Ela já pode levar sua cadeira para o lugar em que fará parte da equipe de observação. É interessante que essas crianças tenham uma "função" ao sair da brincadeira, pois nem todas lidam bem com "sair da brincadeira" — às vezes interpretam como perdas ou frustração.

VARIAÇÃO: Dependendo da música escolhida, é possível que a criança cante, brinque e ainda faça gestos com as mãos ou imite animais. Exemplo: com a música "Old Mc Donald Had a Farm..." as crianças podem imitar os sons ou características dos animais.

ATIVIDADE 7

Hello? How are you? Role-play (Teatrinho de Cumprimentos)

IDADE: A partir de 4 anos.

DURAÇÃO: 10 minutos.

OBJETIVO: Produzir os cumprimentos: usando o vocabulário: *Hello, How are you? I'm fine, and you? Fine, thank you*, por exemplo, ou qualquer outros modos que os alunos queiram usar relacionados a cumprimentos.

PROCEDIMENTO: Divida o grupo em pares e coloque-os em fila, um de frente para o outro. O primeiro par conversa, se cumprimentando como quiser.

Exemplo:

A: *Hello, how are you?*

B: *I'm fine, and you?*

A: *Fine, thank you!*

E correm para o fim da fila. Assim farão os outros pares, até que todos tenham brincado.

ATIVIDADE 8

The Supermarket (O Supermercado)

IDADE: A partir de 4 anos.

DURAÇÃO: 20 minutos.

MATERIAL: Flashcards e/ou figuras sobre alimentos, frutas, legumes ou os mesmos de plástico, massinha de TAK (que você pode adquirir em grandes papelarias) ou fita adesiva dupla face.

OBJETIVO: Utilizar o vocabulário aprendido sobre frutas, comida e legumes. Praticar a linguagem aprendida sobre esses tópicos de maneira lúdica e contextualizada.

PROCEDIMENTO: Se utilizar figuras ou flashcards, coloque-os nas paredes da sala, organizados por tipo, como em um supermercado. Se utilizar brinquedos, disponha-os em fileiras, como nas gôndolas de supermercado. Diga aos alunos que eles precisam fazer compra e elabore com eles uma lista, desenhando o que desejam comprar. Na seqüência, escolha alguém que represente o caixa e deixe as crianças irem às compras. Ao passarem pelo caixa, elas devem descrever oralmente o que estão comprando. Todos podem escolher dois itens além daqueles previstos na lista.

ATIVIDADE 9

Going to the Zoo (Vamos ao Zoológico)

IDADE: A partir de 3 anos.

DURAÇÃO: 15 minutos.

MATERIAL: Animais que vivem no zoológico de plástico, pelúcia, figuras, flashcards, brinquedos, cartolinas coloridas ou folhas grandes de EVA colorido.

OBJETIVO: Produzir o vocabulário já trabalhado sobre os animais que vivem no zoológico.

PROCEDIMENTO: Monte com as crianças um *minizoo* com o material disponível. Cada cartolina ou Eva colorido será uma habitação dos animais. Disponha pela sala e leve os alunos a um passeio ao minizoológico. Eles devem produzir a linguagem previamente sugerida, como, por exemplo:

Let's see the monkeys!

Look! I can see... / Where's the lion? It's over there.

Crianças menores provavelmente produzirão apenas os nomes dos animais.

VARIAÇÃO: *Pet Shop* – o mesmo tipo de abordagem para uma loja de animais. Nesse caso, as crianças podem produzir o diálogo:

A: *Good morning.* **B:** *Good morning.*
A: *I want a cat.* **B:** *Here you are.* (entregando o animal/flashcard).
A: *Thank you.* **B:** *You're welcome.*

Se achar interessante, acrescente: *How much is it? It's* ....

ATIVIDADE 10

Party Under the Sea/ Festa no Fundo do Mar

IDADE: A partir de 4 anos.

DURAÇÃO: 20 minutos.

OBJETIVOS: Produzir cumprimentos, conversa coloquial, vocabulário de animais marítimos.

MATERIAL: Papel crepom para bolar fantasias com as crianças, papel celofane azul para "delimitar" o mar, balões coloridos para enfeitar a festa, música ambiente, decoração do fundo do mar, como conchas, desenhos previamente feitos pelas crianças, brinquedos de plástico ou outros sobre o tema.

PROCEDIMENTO: Após trabalhar com várias atividades para a prática e a fixação do vocabulário sobre animais do fundo do mar, como, por exemplo: caranguejo (*crab*), peixe (*fish*), polvo (*octopus*), pingüim (*penguin*), baleia (*whale*), golfinho (*dolphin*), tubarão (*shark*), água-viva (*jellyfish*), estrela-do-mar (*starfish*), cavalo marinho (*seahorse*), sereia (*mermaid*) etc., proponha uma festa no fundo do mar. Já prevendo a festa, escolha as estruturas que deverão ser trabalhadas anteriormente, contendo cumprimentos, informações básicas sobre pessoas que não conhecemos:
Exemplos:

How are you? / How old are you? Do you like.........?/ Where are you from?/
Do you want.........?/ Let's........./ Do you have.........?

Faça fantasias simples com os alunos, de acordo com os animais que eles desejam representar na festa. Você pode ser a garçonete, com uma bandeja real ou imaginária, para circular entre os alunos durante a festa. Estabeleça o cenário: eles estarão na festa do fundo do mar e não se conhecem. Devem, portanto, ficar amigos e conversar em inglês para se conhecer. Planeje uma brincadeira, como colocar o rabo no burro, mas use a imagem de um animal marítimo, como o cavalo marinho, por exemplo. Vocês podem fazer um karaokê em inglês durante a festa, e os alunos cantariam em inglês. Use sua criatividade para tornar esse momento inesquecível.

8

Dando frutos

SONGS, NURSERY RHYMES E CHANTS

- As crianças vivem em um mundo musical, estimuladas desde o ventre materno, na maioria das vezes. Sons, o mundo musical e movimentos circundam as crianças na primeira infância.
- Quando as crianças entram na aula de inglês, uma das maneira mais espontâneas de introduzi-las no contexto da língua estrangeira confortavelmente é através da música e das rimas.
- Encontramos crianças muito tímidas, que não desejam se expor diante do grupo, não querem se arriscar a falar. Fazer parte de um grupo naquele momento resolve o problema na maioria das vezes, além de encorajar a identificação das crianças com o grupo.
- Diversos estudos comprovam que aprender uma língua estrangeira através de músicas está entre as melhores técnicas utilizadas.
- As músicas apresentam aspectos culturais importantes, represen-

tam a história do país de origem, o folclore e a linguagem natural daquele país. O contato com a cultura estrangeira é essencial para o aprendizado do idioma.

- Cantar ajuda a construir a autoconfiança das crianças porque permite um grau de fluência acima do que conseguem alcançar quando tentam se comunicar.
- As músicas podem ser trabalhadas dentro da integração de habilidades: ***listening*** (compreensão oral), ***reading*** (leitura), ***writing*** (escrita, desenhos etc.) e ***speaking*** (oralidade).
- As canções devem refletir o interesse dos alunos.
- Elas devem estar de acordo com o nível lingüístico dos alunos.
- Você deve gostar da música que irá ensinar.
- As músicas podem ser usadas no começo, meio ou término de um assunto a ser trabalhado com as crianças.
- Construa com os alunos instrumentos musicais com sucata, para utilizar durante suas aulas. Isso aumenta o comprometimento com as aulas.

DICAS PARA VOCÊ ESCREVER SUAS PRÓPRIAS MÚSICAS:

- Pense em palavras-chave.
- Defina qual o vocabulário que objetiva trabalhar.
- Identifique uma canção ou ritmo familiar.
- Tente colocar possibilidades de repetição.
- Crie ações e TPR (Total Physical Response).

O QUE PODE NÃO DAR CERTO?

- Utilizar canções sem preparação didática.
- Não desenvolver a língua dentro da atividade proposta.
- Usar canções em demasia.
- Escolher uma melodia difícil para as crianças.

Nursery rhymes

São atividades que envolvem rimas infantis, ou seja, envolvem assuntos que fazem parte da realidade infantil. Através da repetição de palavras, aliterações e trava-línguas, as crianças interiorizam o conceito de tais rimas, ao mesmo tempo que se divertem por recitá-las e dramatizá-las.

ATIVIDADE 1

Jack and Jill (Jack e Jill)

IDADE: A partir de 3 anos.

DURAÇÃO: 15 minutos.

MATERIAL: Se desejar, um balde com água e uma bandana.

OBJETIVO: Dramatizar a história.

Jack and Jill went up the hill
To fetch a pail of water
Jack fell down and broke his crown
And Jill came tumbling after
Then up Jack got and home did trot
As fast as he could capper
And went to bed to mend his head
With vinegar and brown paper

A classe pode ser dividida em 2 grupos, os "Jacks" e as "Jills". À medida que você (ou mesmo algum aluno) vai recitando a rima, as crianças dramatizam a história. Pode-se usar balde com água e uma bandana para ser o curativo de Jack.

ATIVIDADE 2

Family Song (A Música da Família)

IDADE: A partir de 3 anos.

DURAÇÃO: 15 minutos.

OBJETIVO: Aprender e praticar o vocabulário de família.

MATERIAL: Canetinha especial para maquiagem na pele para fazer as "carinhas" nos dedinhos das crianças.

PROCEDIMENTO: Com a música "Where's Thumbkin", melodia de Frère Jacque, mudando os nomes dos dedos para *mommy, daddy, brother, sister, baby, family*, faça "carinhas" nos dedos das crianças e cante a música com elas, para aprender o vocabulário sobre "família".

Melodia de Frère Jacque

Where's thumbkin? Where's thumbkin?
Here I am! Here I am!
How are you today sir?
Very Well, thank you.
Run away, run away...

VARIAÇÃO: *Material:* Dedoches dos membros da família. Se não encontrar dedoches, pinte os seus dedos, desenhando carinhas neles, ou faça de papel. *Procedimento*: Comece a atividade apresentando a família, através de suas mãos. O polegar é o *daddy*, o indicador é a *mommy*, o dedo médio é o *brother*, o anular é a *sister* e o dedo mínimo é o *baby*. Cante e dramatize a música gesto por gesto, de acordo com cada membro da família. Incentive as crianças a fazer o mesmo.

(Invente o ritmo da música)
Daddy **up**
Daddy **down**
Daddy **dancing**
All around the town
Daddy **on my shoulders**
Daddy **on my head**
Daddy **on my knees**
Daddy **goes to sleep**
(Troque *daddy* por *mommy, brother, sister e baby*.)

ATIVIDADE 3

The Wheels on the Bus

IDADE: A partir de 3 anos.

DURAÇÃO: 15 minutos.

MATERIAL: Se fizer o ônibus de caixa de papelão: 2 caixas de papelão grandes. Tinta amarela, tinta preta, tinta branca, pincéis.

PROCEDIMENTO: Providencie cadeiras suficientes para todas as crianças, se tiver uma imagem de ônibus (faça com caixa de papelão se souber!). Ensine a música "The Wheels on the Bus" para as crianças e faça como se estivesse num ônibus, dramatizando as ações. Depois dê uma volta pela escola numa fila cantando a música, fazendo de conta que está num ônibus!!!

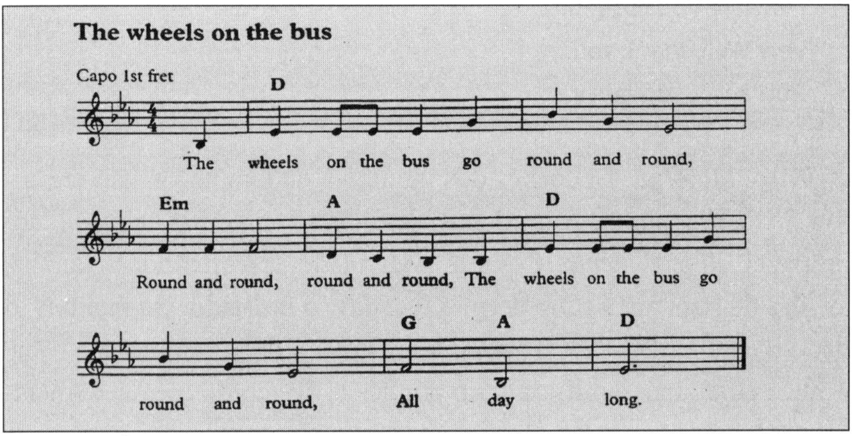

The wheels on the bus go round and round
Round and round, round and round
The wheels on the bus go round and round
All through the town.
(Rodando as mãos.)

The door on the bus goes open and shut
Open and shut, open and shut
The door on the bus goes open and shut
All through the town.
(Cubra os olhos com as mãos; abra e feche.)

The horn on the bus goes "Beep, beep, beep
Beep, beep, beep, beep, beep, beep"
The horn on the bus goes "Beep, beep, beep"
All through the town.
(*Fingindo que está tocando uma buzina.*)

The baby on the bus says, "Wah, wah, wah!
Wah, wah, wah, wah, wah, wah!"
The baby on the bus says, "Wah, wah, wah!"
All through the town.
(Fazendo cara de choro.)

The people on the bus say, "Shh, shh, shh,
Shh, shh, shh, shh, shh, shh"
The people on the bus say, "Shh, shh, shh"
All through the town.
(*Fazendo "shh" com o dedo indicador.*)

The mommy on the bus says, "I love you, I love you, I love you"
The daddy on the bus says, "I love you, too"
All through the town.
(Apontando o dedo para si, faça uma forma de coração com os dedos e aponte o dedo para o outro: I love you!)

ATIVIDADE 4

This is my Ball (Corre Cotia)

IDADE: A partir de 4 anos.
DURAÇÃO: 15 minutos.
MATERIAL: Um lenço ou uma bola para colocar atrás das crianças durante o jogo.
PROCEDIMENTO: A brincadeira é a mesma, só que em inglês!
A música fica assim:

This is my ball, my little ball
This is my ball and I give to you!
One, two, three!

ATIVIDADE 5

Ten Little Froggies, Five Little Speckled Frogs

IDADE: A partir de 2 anos.

DURAÇÃO: 10 a 15 minutos.

MATERIAL: Duas meias verdes. Se não tiver, pinte as meias dessa cor.

PROCEDIMENTO: Faça "carinhas" de sapo nas meias. Pode-se fazer para cada criança ou, ainda, as crianças confeccionarem essas meias para terem Mister Froggie e Lady Froggie. Com as meias, ensine a música e dramatize com as crianças. Pule como sapo cada vez que contar os sapinhos. Quando chegar ao 10 pule 10 vezes e caia devagarinho no chão. Invente o ritmo como preferir.

"Ten Little Froggies"

(Melodia do CD *Xuxa para Baixinhos* 2, música "5 Patinhos")

One little froggie goes hop
Along comes another and they just can't stop so...
Two little froggies go hop, hop
Along comes another and they just can't stop
Three little froggies go hop, hop, hop
Along comes another and they just can't stop.
Continue in this manner and end as follows
Ten little froggies go hop, hop, hop, hop hop
Drop! time to stop

"Five Little Speckled Frogs"

Five little speckled frogs,
Sat on a speckled log,

Eating the most delicious bugs.
Yum, Yum.
One jumped into the pool,
Where it was nice and cool,
Then there were four more speckled
frogs. Glub, glub!
Five... Four... Three... Two... One
Squat on the floor like frogs. One by one
take it in turns to be the frog
that jumps into the pool.

Fonte: Disponível em URL:
http://www.preschooleducation.com/sreptile.shtml

ATIVIDADE 6

Colors – Sing a Rainbow

IDADE: A partir de 2 anos.

OBJETIVO: Falar sobre cores.

DURAÇÃO: 15 minutos.

MATERIAL: Bonecos nas cores vermelho, amarelo, rosa, verde, roxo, laranja e azul. Podem ser, em vez de somente bonecos, bonecos com roupas das respectivas cores. O livro *Super Songs* é da Editora Oxford e vem com CD. O site para referência é: WWW.OUP.COM/ELT

PROCEDIMENTO: Comece a aula mostrando os bonecos de diferentes cores. Então, introduza a música aos alunos, cantando e indicando os bonecos das respectivas cores. Encoraje-os a cantar com você. Após a música, brinque com as crianças de *What's missing*?. Peça a um aluno para que se retire da sala. Peça então a outro aluno para que esconda algum dos bonecos. A criança que se retirou deve voltar e tentar adivinhar que cor de boneco está faltando, e assim por diante.

Red and yellow
And pink and green

Purple and orange
And blue
I can sing a rainbow
Sing a rainbow
Sing a rainbow too

ATIVIDADE 7

Parts of the Body com "Here we go Looby Loo"

IDADE: A partir de 4 anos.

OBJETIVO: Ensinar partes do corpo.

DURAÇÃO: 10 minutos.

MATERIAL: Flashcards de partes do corpo.

PROCEDIMENTO: Ensine aos alunos a música. Depois, peça a eles que formem duplas. Coloque as crianças da mesma dupla uma de frente para a outra, como se fossem espelhos. O que uma fizer a outra deve imitar, e vice-versa. Mostre à classe os flashcards das partes do corpo, e eles devem cantar de acordo com a parte do corpo que foi mostrada (Exemplo: *foot*. Substitua a palavra ***hand*** da música por *foot*. As crianças devem fazer os movimentos que a música pede com o pé).

Here we go Looby Loo
Here we go Looby Light
Here we go Looby Loo
All on a Saturday night
Put your *rigth hand* in
Put your *right hand* out
Shake it a little, a little
And turn yourself around

VARIAÇÃO: Em vez de ensinar a música "Here we go Looby Loo", ensine "Hockey Pockey".

DISPONÍVEL EM URL: HTTP://BOOTNEWT.HOSTINGZERO.COM/MIDI/HOKEYPOKEY.MID

You put your *right* hand in
You put your *right hand* out
You put your *right hand* in
And you shake it all about
You do the Hockey Pockey
And you turn yourself around
That's what it is all about

Do the Hockey Pockey
Do the Hockey Pockey
Do the Hockey Pockey
That's what's it is all about

You put your *right hand* in
You put your *right hand* out
You put your *right hand* in
And you shake it all about
You do the Hockey Pockey
And you turn yourself around
That's what it is all about

ATIVIDADE 8

Means of Transportation (Meios de transportes)

IDADE: A partir de 3 anos.

OBJETIVO: Ensinar meios de transportes.

DURAÇÃO: 10 minutos

MATERIAL: Carrinho, barco, avião e bicicleta de brinquedo, sacola para guardar os meios de transporte.

PROCEDIMENTO: Mostre aos alunos os meios de transporte. Depois, cante a música de acordo com o transporte a ser manipulado na roda (como se fosse batata quente, passe o transporte para que todos os alunos possam tocá-lo). Quando a música parar, o aluno deve continuar a cantá-la sozinho.

"Row Row Row Your Boat"

Row row row your boat
Gently down the stream
Merrily merrily merrily
Life is but a dream
Row row row your boat
Gently down the stream
If you see a crocodile
Don't forget to scream

VARIAÇÃO:

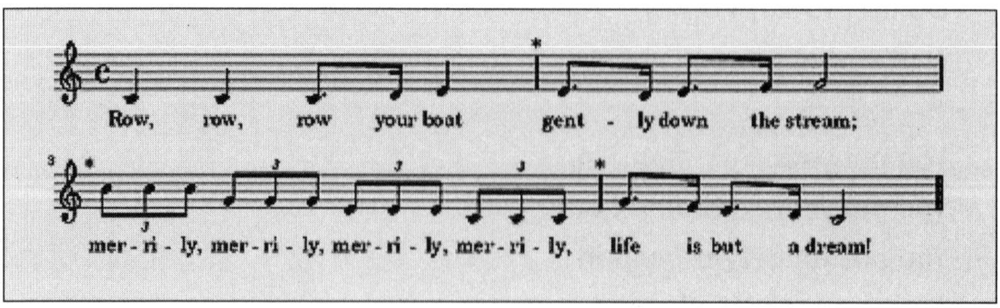

Fly fly fly your plane
Gently through the air
Drive drive drive your car

Gently down the road
Ride ride ride your bike
Gently down the street

ATIVIDADE 9

Humpty Dumpty

IDADE: A partir de 3 anos.
OBJETIVO: Dramatizar a história.
DURAÇÃO: 10 minutos.
MATERIAL: Um ovo de verdade, brinquedos lego ou caixas de sapato, qualquer tipo de cavalos e cavaleiros, jornais.
PROCEDIMENTO: Esse Nursery Rhyme trata-se de um ovo que subiu no muro, caiu e se machucou (quebrou). Todos os cavalos e cavaleiros do rei foram ajudá-lo, mas de nada adiantou. A história se torna significativa quando dramatizada para os alunos de uma forma simples, porém divertida: com um ovo de verdade, muro, que pode ser construído com peças do brinquedo Lego, cavalos e cavaleiros, que também podem ser usados do mesmo brinquedo.

Ao contar a história, na hora em que o Humpty Dumpty cair, deixe o ovo quebrar de verdade. (Lembre-se de colocar jornal embaixo do "muro" que vocês fizerem.)

Humpty Dumpty sat on a wall
Humpty Dumpty had a great fall
All the King's horses
And all the King's men
Couldn't put Humpty
Together again.

ATIVIDADE 10

Pop Goes the Weasel

IDADE: A partir de 4 anos.
DURAÇÃO: 10 minutos.

MATERIAL: Uma bola por grupo de crianças. Se forem muitas, divida-as em dois grupos.

PROCEDIMENTO: Um aluno fica batendo a bola a pouca altura e cantando a música. Quando chegar no POP, ele deve bater a bola em direção a outro colega. Também pode ser jogada com as mãos. Outra possibilidade é pedir que as crianças formem um círculo e passem a bola em seqüência, cantando a música. Quando cantarem POP, a criança que estiver com a bola na mão a joga para qualquer outro colega que não os dos lados, e a criança que recebeu a bola recomeça o jogo.

"Pop Goes the Weasel Games"

All around the cobblers bench,
the monkey chased the weasel.
The monkey thought 'twas all in fun,
Pop goes the weasel!

O RITMO ESTÁ DISPONÍVEL EM URL: HTTP://WWW.KIDIDDLES.COM/MOUSEUM/P009.HTML

9
Saboreando os frutos

COOKING CLASSES

O OBJETIVO PRINCIPAL das aulas de culinária é que os alunos coloquem literalmente a mão na massa. Daí a importância de deixar e incentivar os alunos a colocar os ingredientes, preparar a receita etc. Através de experiências práticas de elaborar receitas, os alunos podem aprender diversos conceitos. Tais conceitos vão desde matemática à história, passando por ciência e biologia. Pode-se explorar praticamente qualquer assunto na culinária, contanto que este seja significativo para a criança, que ela possa utilizá-lo em seu dia-a-dia.

A seguir estão algumas sugestões de culinária. É uma aula diferente do usual, gratificante, envolvente, e, acima de tudo, divertida. É aquele tipo de aula que fica na memória por tempos e tempos, aquele tipo de momento que é lembrado com carinho por alunos e professores.

ATIVIDADE 1

Chocolate Chip Cookies (Bolachinhas com pedaços de chocolate)

IDADE: A partir dos 2 anos.

DURAÇÃO: 40 minutos.

OBJETIVO: Trabalhar *chants/rhymes*; trabalhar costumes e hábitos alimentares de outro país.

MATERIAL: Além dos ingredientes, um pote com alguns cookies de papel cortados.

RENDIMENTO: 25 a 30 cookies.

INGREDIENTES: 4 ovos; ½ xícara de óleo; 1 xícara de açúcar; 3 xícaras de farinha de trigo; 1 colher de chá de essência de baunilha; 2 colheres de chá de fermento; 1 xícara de chocolate chips; complemento opcional: ½ xícara de nozes (ou amêndoas, avelãs, castanha de caju, amendoim); 1 pitada de sal.

PROCEDIMENTO DA AULA: Comece a aula falando sobre costumes e tradições, que tipo de alimento se come no Brasil etc. Explique aos alunos que eles irão fazer cookies, um tipo de biscoito bastante comum em lugares de língua inglesa. Ensine-os a rima (*chant*):

Who stole the cookies in the cookie jar?

Cante ao ritmo de "O . . . . roubou pão na casa do João".

Em uma roda com as crianças, comece a passar um pote de cookies, como se fosse a brincadeira da batata quente. Simultaneamente, cante:

Who stole the cookies in the cookies jar?
Who stole the cookies in the cookie jar?
Who, me?
Yes, you!
Not me!
Then, who?
. . . . stole the cookies in the cookie jar?.

Incentive os alunos a cantar e participar da brincadeira. Depois, faça os procedimentos da receita e, por fim, quando os cookies estiverem assando, faça um ***guessing game*** de ***cookies***: as crianças devem adivinhar quantos ***cookies*** de papel estão dentro do pote. Desenforme com as crianças e saboreie os cookies. O RITMO ESTÁ DISPONÍVEL EM URL: HTTP://WWW.MAMALISA.COM/W ORLD/USA.HTML#COOKIE

PROCEDIMENTO DA RECEITA: Preaqueça o forno por 10 minutos em 180°C. Unte uma assadeira grande (ou 2 médias) com manteiga e farinha. Bata os ovos e o açúcar até que se forme uma mistura homogênea. Adicione à tigela óleo e baunilha. Mexa um pouco e adicione farinha, fermento, sal, chocolate chips e nozes (opcional). A mistura deve ficar grudenta e pegajosa. Coloque-a na assadeira, com pequenas colheradas. Asse os cookies por 15 minutos. Vire-os do outro lado e asse por mais 10 minutos. Quando começarem a ficar dourados, desligue o forno. Retire-os e deixe descansar na assadeira por 5 minutos. Depois é só desenformá-los e saboreá-los.

ATIVIDADE 2

Pizza

IDADE: A partir dos 2 anos.
DURAÇÃO: 20 minutos.
OBJETIVO: Trabalhar partes do corpo (face), trabalhar formas geométricas.
MATERIAL: Somente ingredientes.
RENDIMENTO: variável.
INGREDIENTES: minipizzas (uma por aluno ou mais); molho de tomate; tomate cortado em forma de meia lua; orégano; queijo fatiado; azeitonas.
PROCEDIMENTO (AULA/RECEITA): Mostre aos alunos os ingredientes, nomeando-os. Explique que eles irão montar suas próprias pizzas, mas terão de inventar carinhas com os ingredientes. Explore os nomes das partes da face, peça às crianças para descrever o que suas carinhas são. Por exemplo: se é a cara de um monstro, com 3 olhos, 4 bocas, uma orelha etc.

Leve as pizzas ao forno e espere até que estejam assadas. Bom apetite!

ATIVIDADE 3

Carrot Cake (Bolo de Cenoura)

IDADE: A partir de 2 anos.

DURAÇÃO: 50 minutos.

OBJETIVO: Falar sobre brinquedos (*toys*), descrevê-los.

MATERIAL: Ingredientes e brinquedos.

RENDIMENTO: 20 a 30 pedaços.

INGREDIENTES: *Para o bolo*: 2 cenouras médias raladas; ½ xícara de óleo; 4 ovos; 2 xícaras de farinha de trigo; 2 xícaras de açúcar; 1 colher de chá de fermento. *Para a cobertura*: ½ xícara de chocolate em pó; ½ xícara de açúcar; ½ xícara de leite; 2 colheres de sopa de manteiga.

PROCEDIMENTO DA AULA: Proponha aos alunos, com antecedência, "um bolo dos brinquedos". Explique às crianças que em determinado dia vocês irão ter uma aula de culinária para aprender a fazer bolo de cenoura. Peça a eles que levem para a escola seu brinquedo favorito. Mostre os ingredientes que serão utilizados no bolo de cenoura, e desenvolva a receita. Enquanto o bolo assa e depois de fazer a cobertura do bolo, brinque com as crianças, com seus brinquedos. Proponha uma atividade *Show and Tell*. Cada aluno deve descrever e nomear seu brinquedo, utilizando o maior número possível de recursos em inglês. Por fim, saboreie o bolo de cenoura com seus alunos e com seus respectivos brinquedos.

PROCEDIMENTO DA RECEITA: Preaqueça o forno a 180°C e unte uma assadeira grande, com manteiga e óleo. Misture os ovos, a cenoura e o óleo no liquidificador. Bata na potência mínima por 3 minutos. Então, misture a massa gentilmente com farinha, açúcar e fermento (ingredientes secos). Coloque-a na assadeira e leve ao forno por 30 a 35 minutos. Enquanto o bolo assa, prepare a cobertura, misturando todos os ingredientes na ordem que está escrita e levando-os ao fogo médio, mexendo a cobertura suavemente até que engrosse.

ATIVIDADE 4

Sausage Rolls (Enroladinho de Salsicha)

IDADE: A partir de 2 anos.

DURAÇÃO: 30 minutos.

OBJETIVO: Trabalhar hábitos e costumes do Brasil (durante o *snack time*).

MATERIAL: Somente os ingredientes.

RENDIMENTO: 15 a 25 rolinhos.

INGREDIENTES: ½ quilo de salsicha; ½ litro de água; 3 colheres de sopa de fermento biológico (usado em pães); 3 colheres de sopa de açúcar; 3 colheres de sopa de óleo; 3 colheres de sopa de margarina; 1 colher de chá de sal; 800 gramas de farinha de trigo.

PROCEDIMENTO DA AULA/RECEITA: Preaqueça o forno a 180ºC e unte 2 assadeiras grandes com manteiga. Coloque o açúcar e o fermento juntos em uma tigela, amassando-os até que virem um só líquido. Acrescente a água, o óleo, a margarina, o sal, e a farinha por último. Amasse mais um pouco até que surja uma massa, no ponto de enrolar. Faça pequenos retângulos com a massa e enrole a salsicha no meio. Coloque-os nas assadeiras e leve ao forno por 20 minutos.

ATIVIDADE 5

Guava Cookies (Bolachinhas de Goiaba)

IDADE: A partir de 2 anos.

DURAÇÃO: 35 minutos.

OBJETIVO: Trabalhar diferentes tipos de frutas; trabalhar diferentes tamanhos e formas geométricas.

MATERIAL: Forminhas para cortar.

RENDIMENTO: de 20 a 30 *cookies*.

INGREDIENTES: 1 xícara de açúcar; 1 xícara de farinha de trigo; 2 xícaras de amido de milho; 6 gemas; 1 colher de chá de essência de baunilha; 100 gramas de margarina; 200 gramas de goiabada cortada em pequenos pedaços.

PROCEDIMENTO DA AULA: Comece a explorar o próprio ambiente em que as crianças se encontram (refeitório, sala de aula). Incentive os alunos a nomear as formas geométricas que eles vêem. Faça o mesmo usando algumas figuras de frutas (goiaba entre elas). Explique que a aula de culinária será de *cookies* de goiaba, mostre a eles os diversos moldes que eles poderão utilizar. Peça aos alunos para que criem diferentes *cookies*, como monstros, carros, estrelas, animais etc. Então, passe para o próximo passo: a culinária em si.

PROCEDIMENTO DA RECEITA: Preaqueça o forno a 180ºC e unte uma assadeira com margarina e farinha de trigo. Coloque todos os ingredientes em uma tigela e amasse-os até que se forme uma massa homogênea. Depois espalhe a massa em uma superfície previamente salpicada com farinha de trigo. Abra a massa com as mãos ou com a ajuda de um rolo de macarrão, corte-a no molde de sua preferência e recheie-a com os pedaços da goiabada. Leve ao forno por 25 minutos.

ATIVIDADE 6

Chocolate Candy (Brigadeiros)

IDADE: A partir de 2 anos.

DURAÇÃO: 20 minutos.

OBJETIVO: Trabalhar festa de aniversário ou celebração em geral.

MATERIAL: Forminhas para docinhos, balões, pratinhos, copinhos, talheres, chapeuzinhos de aniversário, bonecos.

RENDIMENTO: 25 a 35 bolinhas de brigadeiro.

INGREDIENTES: 1 lata de leite condensado; 3 colheres de sopa de chocolate em pó; 1 colher de sopa de manteiga; 1 saquinho de chocolate granulado.

PROCEDIMENTO DA AULA: Fale aos alunos que eles irão celebrar durante a aula o aniversário de algum boneco (ou mesmo de algum aluno). Peça a eles para que ajudem com os preparativos: arrumar e fazer os doces da festa, que serão brigadeiros.

PROCEDIMENTO DA RECEITA: Misture todos os ingredientes e leve ao fogo baixo por 5 a 8 minutos. Espere esfriar e enrole a massa de brigadeiro, fazendo bolinhas e passando chocolate granulado por cima. Coloque os brigadeiros em forminhas.

ATIVIDADE 7

Banana Cake (Bolo de Banana)

IDADE: A partir de 2 anos.

DURAÇÃO: 40 minutos.

OBJETIVO: Falar sobre as comida saudáveis e as não saudáveis (*healthy/ junk food*); falar sobre frutas e vegetais.

MATERIAL: Frutas e vegetais de plástico (figuras ou reais).

INGREDIENTES: 4 ovos; 2 copos americanos de açúcar; 2 copos americanos de farinha de trigo; 1 copo americano de água; ½ copo americano de óleo; 1 colher de chá de essência de baunilha; 1 colher de chá de canela em pó; 1 colher de sopa de fermento; 10 bananas pequenas fatiadas.

PROCEDIMENTO DA AULA: Mostre aos alunos os alimentos de plástico, e inicie um jogo de adivinhação (Quem sabe o nome da fruta ou legume?). Explique que eles irão fazer um bolo de banana. Então, prepare a receita. Enquanto o bolo estiver assando, apresente aos alunos uma música do Barney chamada "I Like to Eat Apples and Bananas". Nessa canção, o Barney aborda diferentes maneiras de cantar e pronunciar *apples* e *bananas*. Faça um jogo de batata quente com essa música e com as frutas de plástico. Ao final do jogo, retire o bolo do forno e aproveite-o.

PROCEDIMENTO DA RECEITA: Preaqueça o forno a 180°C. Unte uma assadeira média com óleo e farinha de trigo. Bata os ovos e o açúcar até formar uma massa homogênea. Adicione água, farinha, óleo, canela, baunilha e fermento. Mexa por poucos minutos e coloque a mistura na assadeira previamente untada. Leve a assadeira ao forno por 20 minutos. Quando o bolo já estiver assado, polvilhe-o com açúcar e canela em pó.

ATIVIDADE 8

Tuna Fish Sandwich (Sanduíche de Atum)

IDADE: A partir de 2 anos.

DURAÇÃO: 20 minutos.

OBJETIVO: Trabalhar animais marinhos.

MATERIAL: Figuras, bonecos de animais marinhos.

RENDIMENTO: 20 sanduíches.

INGREDIENTES: 10 fatias de pão de forma; 1 pote de maionese; ¼ cebola picadinha; 1 pitada de salsinha; 3 latas de atum ralado; 200 gramas de queijo ralado; 300 gramas de batata palha.

PROCEDIMENTO DA AULA: Comece a aula conversando com os alunos a respeito de animais marinhos. Mostre alguns flashcards ou bonecos do tema. O ideal é que o assunto já tenha sido trabalhado com os alunos anteriormente. Prepare a receita e aproveite!

PROCEDIMENTO DA RECEITA: Divida os pães em 4 partes, em quadrados. Misture todos os ingredientes, exceto o pão e o queijo ralado. Recheie o pão com os ingredientes e leve ao forno por 5 minutos. Retire do forno e cubra com queijo ralado.

ATIVIDADE 9

Chocolate Custard (Pavê de Chocolate)

IDADE: A partir de 2 anos.

DURAÇÃO: 20 minutos.

OBJETIVO: Trabalhar o sentido do paladar (amargo, azedo, doce e salgado).

MATERIAL: Polvilho em pó, pó de café, açúcar e sal.

RENDIMENTO: 15 pedaços.

INGREDIENTES: 2 pacotes de biscoito champanhe; 1 barra de 200 gramas de chocolate ao leite; 1 lata de creme de leite; 1 pacote de chocolate granulado; 1 xícara de leite; 2 colheres de sopa de chocolate em pó.

PROCEDIMENTO DA AULA: Comece a aula com a receita da culinária. Execute-a com os alunos, dando ênfase aos alimentos que são doces (nomeando e descrevendo). Enquanto o pavê gela no freezer, faça com os alunos a brincadeira *Guessing game*. Coloque em 4 potes pó de café (amargo — *bitter*), polvilho em pó (azedo — *sour*), sal (salgado — *salty*) e açúcar (doce — *sweet*). De olhos vedados, as crianças devem experimentar os alimentos e depois tentar descobrir qual o seu paladar. Quando o pavê já estiver gelado, sirva-o.

PROCEDIMENTO DA RECEITA: Em uma panela derreta a barra de chocolate. Misture o creme de leite sem soro e espere esfriar. Em uma tigela média, coloque os biscoitos champanhe enfileirados e devidamente molhados no leite com o chocolate em pó (misture-os antes). Depois coloque uma camada do creme de leite com o chocolate. Então, outra camada de biscoitos champanhe e, por fim, a última camada do creme. Decore com chocolate granulado e reserve no congelador por 10 minutos. Sirva em seguida.

ATIVIDADE 10

Hot Dog (Cachorro Quente)

IDADE: A partir de 2 anos.
DURAÇÃO: 20 minutos.
OBJETIVO: Trabalhar *snacks* em geral.
MATERIAL: Ingredientes, bola, flashcards de alimentos (*snacks*).
RENDIMENTO: 10 sanduíches.
INGREDIENTES: 10 pães de hot dog; 10 salsichas; 1 pote de maionese; 1 bisnaga de ketchup; 1 bisnaga de mostarda; 1 pacote de batata palha.
PROCEDIMENTO DA AULA: Converse com os alunos sobre alimentos da hora do lanche, como, por exemplo, hot dog. Faça a receita com as crianças e depois coma com elas. Após a refeição, brinque de *Touching game*. Espalhe os flashcards em diferentes lugares. Peça a um aluno para ser o ajudante e divida os outros em grupos de 4, formando filas. Esse aluno é o chefe (o ajudante) e deve dar a ordem: *Touch the ice cream*. Então, todos do grupo que estiverem em primeiro lugar na fila devem tocar o *ice cream*. Ganha quem tocar no flashcard primeiro. E assim por diante.
PROCEDIMENTO DA RECEITA: Abra o pão ao meio, coloque todos os ingredientes dentro e divirta-se!

BÔNUS PARA BEBIDA

Colorful Juice (Suco Colorido)

IDADE: A partir de 4 anos.
DURAÇÃO: 20 minutos.
OBJETIVO: Trabalhar frutas, legumes, cores, instruções, lanche saudável.

MATERIAL: Ingredientes, liquidificador, 3 copos transparentes (ou jarras de vidro), copos descartáveis para servir (pode ser o pequeno, para café, e ainda pode ser pensado em 3 unidades por criança, um para cada tipo de suco).

INGREDIENTES: Laranjas (ou suco de laranjas pronto); cenoura (limpa e em pedaços); beterraba (crua, descascada e em pedaços); alface (algumas folhas limpas); açúcar a gosto.

PROCEDIMENTO: Faça o suco de laranja e divida em 3 partes iguais (em 3 copos ou jarras transparentes). Peça para que observem a cor e experimentem o sabor, se alguém desejar. Para cada copo de suco de laranja junte um tipo de legume (incentive a observação e pergunte as cores da cenoura, da beterraba e do alface). Bata cada porção de suco separadamente no liquidificador com um legume e reserve. Novamente peça para que observe as novas cores e sirva cada opção de suco, para que experimentem e compararem os sabores.

VARIAÇÃO: Fazer um quadro comparativo com a votação das preferências de suco em relação à cor favorita, bem como ao sabor favorito. Se não houver cozinha apropriada para a atividade, é possível fazer a mesma em sala de aula. Junte algumas mesinhas ficando assim com uma mesa grande para execução e observação. Peça voluntários para cada situação (de bater cada tipo de suco, servir etc.).

10
Dicas para você

Na sua vida

1 **Ame** o que faz, afinal você passa a maior parte do tempo dedicando-se à sua profissão.

2 **Atualize-se** sempre que possível.

3 **Organize-se** com planejamento (de aula, de curso e de seus afazeres diários).

4 **Espreguice** sempre que sentir vontade. E que tal acabar de acordar no chuveiro?

5 **Aqueça as cordas vocais** no banho ou durante o transporte. Simplesmente respire e vibre a ponta da língua no céu da boca, emitindo um som aproximado de "trrr" por alguns minutos.

6 Entre os livros que já leu, eleja o livro de cabeceira e, de vez em quando, **se reencontre** com ele.

7 **Respeite** as diferenças e as particularidades de cada um enquanto ser humano, lembrando que também temos momentos *up* ou *down*.

8 Tenha amor-próprio, auto-respeito, autoconfiança, auto-estima, autonomia. Tudo o que é "**Auto**" deve lhe interessar.
9 **Relaxe.** Ao final do dia reserve um momento somente seu para relaxar, realizando uma respiração profunda (inspirando pelo nariz e expirando pela boca) algumas vezes calmamente, à meia luz, ao som de uma música agradável. Antes de dormir, finalize o relaxamento colocando os pés cansados em uma bacia com água morna e bolinhas de gude, massageando assim as plantas dos pés.
10 **Sinta-se feliz** com mais freqüência.

Em sala de aula

1 As crianças são aprendizes por natureza, curiosas, interessadas e entusiasmadas quando aprendem algo novo. A melhor maneira de ensinar às crianças é partir de sua realidade, seu mundo, e de suas experiências, através de brincadeiras. O **lúdico** é o que mais se aproxima do universo infantil.
2 As crianças aprendem através de seus **sentidos**, utilize-os por meio do movimento corporal, da repetição, da experimentação; exponha-as ao assunto, em um ambiente agradável, com a interação entre colegas.
3 As crianças, bem como os adultos, aprendem por meios diferentes, pois possuem as inteligências múltiplas em diferentes estágios de desenvolvimento. Daí a necessidade de promover aulas com **atividades diversificadas.**
4 Crianças aprendem **fazendo.** Tenha como ponto de partida atividades concretas. Dramatizações, artes, jogos, brincadeiras, experiências científicas, culinária, entre outros, são excelentes estratégias para promover o aprendizado. As crianças terão **diversão e aprendizagem** ao mesmo tempo.
5 Lembre-se do antigo provérbio chinês: "Eu ouço e esqueço; eu vejo e me lembro; eu faço e compreendo". Ou ainda, citando Benjamin Franklin: "Fale e eu esquecerei; ensine-me e eu poderei lembrar; envolva-me e eu irei **aprender**".

6 **Não tema o erro.** Na educação, como na vida, ele é seu melhor professor, se souber tirar dele suas melhores lições.
7 Utilize-se dos jogos, músicas e atividades propostas neste livro, somando à sua capacidade de **criar.**
8 Tenha seu temperamento sob controle. Nosso **gênio** é um cavalo selvagem a ser **domado.**
9 Fale **olhando** nos **olhos** do seu aluno.
10 Logo ao chegar ao ambiente pedagógico, que o **sorriso** seja seu cartão de visitas. Distribua-o gratuita e indistintamente.

Food for thought:

IF YOU HAVE EVER WONDERED...

"All I Ever Really Needed to Know I Learned in Kindergarten"

ROBERT FULGHAM

Most of what I really need to know about how to live, and what to do, and how to be, I learned in Kindergarten. Wisdom was not at the top of the graduate school mountain, but there in the sandbox at nursery school.

These are the things I learned...

Share everything.
Play fair.
Don't hit people.
Put things back where you found them.
Clean up your own mess.
Don't take things that aren't yours.
Say sorry when you hurt somebody.
Wash your hands before you eat.
Flush.
Warm cookies and cold milk are good for you.
Live a balanced life.
Learn some and think some and draw and paint and sing and play

and work every day some.
Take a nap every afternoon.
When you go out into the word, watch for traffic, hold hands, and stick together.
Be aware of wonder. Remember the little seed I the plastic cup? The roots go down and the plant goes up and nobody really knows how or why, but we are all like that.
Goldfish and hamsters and white mice and even the little seed in the plastic cup – they all die. So do we.
And then remember the look about Dick and Jane and the first word you learned, the biggest word of all: Look.
Everything you need to know is in there somewhere.
The Golden Rule and love basic sanitation.
Ecology and politics and sane living.
Think of what a better world it be if we all – the whole world had cookies and milk about 3 o'clock every afternoon and then lay down with our blankets for a nap. Or if we had a basic policy in our nation and other nations to always put things back where we found them and cleaned up our own messes. And it is still true, no matter how old you are, when you go out into the world, it is best to hold hands and stick together.

"Tudo o que eu realmente precisava saber,
eu aprendi no Jardim de Infância"
ROBERT FULGHAM

A maioria das coisas que eu realmente necessito saber sobre como viver, e o que fazer, e como ser, eu aprendi no Jardim de Infância. A sabedoria não estava no alto da montanha graduada da escola, mas lá na caixa de areia do Jardim de Infância.
Estas são as coisas que aprendi:
Compartilhar tudo.
Jogar limpo.
Não bater nos outros.

Pôr as coisas de volta onde as encontrei.
Limpar minha própria bagunça.
Não pegar as coisas que não são minhas.
Pedir desculpas quando eu machucar alguém.
Lavar as mãos antes de comer.
Dar a descarga.
Biscoitos quentinhos e leite frio são bons para mim.
Viver uma vida balanceada (equilibrada).
Aprender algo, pensar algo, pintar, cantar, dançar, jogar e trabalhar a cada dia um pouco também.
Tirar uma soneca todas as tardes.
Quando sair para o mundo, prestar atenção para o tráfego, dar as mãos, me manter junto.
Estar atento para as maravilhas.
Lembra da pequena semente no copo plástico? As raízes vão para baixo e a planta vai para cima e ninguém sabe realmente como ou por quê, mas nós somos todos como aquela semente.
Peixinhos dourados, hamsters, ratinhos brancos e até mesmo a pequena semente no copo de plástico – todos eles morrem.
E nós também.
E então me lembro da história "João e Maria" e da primeira lição que eu aprendi, a maior de todas: OBSERVAR.
Tudo o que você precisa saber está por aí em algum lugar.
Lembre-se da regra de ouro e do amor e do saneamento básico: ecologia, política e vida saudável.
Pense que o mundo seria melhor se todos nós – o mundo inteiro tivesse biscoitos e leite aproximadamente às três horas de todas as tardes e depois pudéssemos deitar com nossos cobertores para tirar uma soneca. Ou se nós tivéssemos uma política pública em nossa nação e em outras nações de sempre colocar as coisas onde foram encontradas e limpar nossa própria bagunça. E ainda é verdade, não importa o quão velho você seja, ao sair para o mundo é melhor dar as mãos e se manter junto.
OBRIGADA MINHA QUERIDA PROFESSORA DO JARDIM DE INFÂNCIA.

Glossário

Abordagem comunicativa: Na abordagem comunicativa, a unidade básica da língua, que requer atenção, é o ato comunicativo, em vez da frase. A função se sobrepõe à forma, e significado e situações é que inspiram a planificação didática e a confecção de materiais. Competência comunicativa passa ser o objetivo em vez da construção de conhecimento gramatical ou da estocagem de formas memorizadas. A metodologia foi elaborada por Stephen Krashen.

Atividade lúdica: Atividade principal da criança na idade pré-escolar, que consiste em reproduzir, de forma específica, as ações e relações dos adultos.

Didática: Ramo da pedagogia que estuda os problemas do aprendizado.

Idade pré-escolar: Estágio de desenvolvimento psíquico, correspondente ao período dos 3 aos 7 anos.

Jogo dramático: Tipo de atividade lúdica própria das crianças em, idade pré-escolar. A criança assume um determinado papel de acordo com o argumento do jogo.

Léxico passivo: Conjunto de palavras que a pessoa não emprega ao falar, mas que compreende quando as escuta de outras pessoas.

Objetivos atitudinais: São as definições de valores que se pretende explorar ao ministrar um dado conteúdo. Por exemplo, ao trabalhar o tema corpo, ensina-se a valorização de atitudes relacionadas à saúde e ao bem-estar individual e coletivo.

Objetivos educacionais: São proposições gerais sobre mudanças comportamentais desejadas. Decorrem de uma filosofia da educação e surgem do estudo da sociedade contemporânea e do estudo sobre o desenvolvimento do aluno e os processos de aprendizagem.

Objetivos instrucionais: Consistem numa maior especificação dos objetivos educacionais e numa operacionalização dos mesmos. Os objetivos instrucionais, portanto, são proposições específicas sobre mudanças de comportamento dos alunos, e serão atingidos gradativamente no processo de ensino-aprendizagem.

Onomatopéia: A palavra onomatopéia designa expressões ou palavras cuja sonoridade imita a voz ou o ruído de objetos ou o som de animais. Ao dizermos que um grilo faz "cricri" ou que batemos à porta e fazemos "toc toc", estamos utilizando onomatopéias.

Sinapse: Ponto onde as extremidades dos neurônios se encontram.

Taxionomia: A taxionomia dos objetivos educacionais, também popularizada como taxionomia de Bloom, é a classificação dos tipos de aprendizagem. Foi resultado do trabalho de uma comissão multidisciplinar de especialistas de várias universidades dos EUA, liderada por Benjamin S. Bloom, na década de 1950. Foram identificados três domínios educativos: o cognitivo, o emocional e o psicomotor. O terceiro não foi terminado, e apenas o primeiro foi implementado em sua totalidade. Os domínios subdividem-se em subdomínios.

Total Physical Response: Este método de aprendizagem de língua é baseado na coordenação do discurso e da ação. Apóia-se também na premissa de que a ação de ouvir deve ocorrer antes da de falar. As crianças respondem fisicamente à linguagem oral, maturando seu desenvolvimento lingüístico. Muitas vezes compreendem os comandos, a atividade, mas ainda não são capazes de produzir oralmente a resposta. Nessa fase respondem naturalmente através de TPR.

Bibliografia

BLOOM, Benjamin Samuel. *Taxonomy of Educational Objectives: The Classification of Educational Goals*. London: Longman,1969.

BREARLEY, Molly. *Guia Prático para Entender Piaget*. São Paulo: Ibrasa, 1976.

BRIGGS, Dorothy Corkille. *A Auto-estima de seu Filho*. São Paulo: Martins Fontes, 2002.

FARIA, Núbia Rabelo Bakker. *Buscando os limites do dado na aquisição da linguagem*. Disponível em URL: <http://sw.npd.ufc.br/abralin/anais_con2nac_tema014.pdf.>

FERREIRA, Maria Clotilde Rosseti. *Os Fazeres na Educação Infantil*. Editora Cortez, São Paulo, 1998.

FLAVELL, John H.; MILLER, Patricia H. & MILLER, Scott A. *Desenvolvimento Cognitivo*. 3a. ed. Porto Alegre: Artmed, 1999.

FULGHUM, Robert L. *All I Ever Really Needed to Know I Learned in Kindergarten*. The Ballentine Publishing Group. Nova York: Random House, 1986.

JONASSEN, David H. *Learning to Solve Problems with Technology: A Constructivist Perspective*. New Jersey: Lawrence Erlbaum Associates, 1992.

KRASHEN, S. D. *The Input Hypothesis: Issues and Implications*. Londres; Nova York: Longman, 1985.

KRASHEN, Stephen; DULAY, Heidy & BURT, Marina. *Language Two*. Nova York: Oxford University Press, 1982.

MARTINS, Maria Anita Viviani. *Pedagogo Artesão*. São Paulo: Editora da PUC, 1995.

MELLO, Heloísa Augusta de Brito. *O Falar Bilíngüe*. Goiânia: Editora da UFG, 1999.

MIRANDA, Simão de. *100 Dicas para a Auto-estima do Aluno*. Campinas; São Paulo: Papirus, 2005.

MUKHINA, Valeria. *Psicologia da Idade Pré-escolar*. São Paulo: Martins Fontes, 1996.

OLIVEIRA, Marta Kohl de. *Vygotsky:Aprendizado e Desenvolvimento — Um Processo Sócio-histórico*. São Paulo: Scipione, 1998.

OLIVEIRA, Vera Barros de. *Avaliação Psicopedagógica da Criança de Zero a Seis Anos*. Petrópolis: Vozes, 1998.

PIAGET, Jean. *A Epistemologia Genética*. São Paulo: Abril Cultural, 1983.

PILETTI, Claudino. *Didática Geral*. São Paulo: Ática, 2004.

PINKER, Steven. *O Instinto da Linguagem: Como a Mente Cria a Linguagem* [The language instinct: how the mind creates language]. São Paulo: Martins Fontes, 2002.

SALDANHA, L. E. *Educação Brasileira Contemporânea: Organização e Funcionamento*. São Paulo: McGraw-Hill, 1978.

SCARPA, Ester Mirian. "Aquisição da linguagem". In: MUSSALIM, Fernanda & BENTES, Ana Cristina. *Introdução à Lingüística: Domínios e Fronteiras*. Vol. 2. São Paulo: Cortez, 2001.

STENBERG, Robert J. *Psicologia Cognitiva*. Porto Alegre: Artmed, 2000.

STILLINGS, Neil A. *Cognitive Science: An Introduction*. Cambridge: Massachusetts Institute of Technology, 1989.

VALE, D. & FEUNTEUN, A. *Teaching Children English*. Cambridge: Cambridge University Press, 1995.

ZABALZA, Miguel. *Qualidade em Educação Infantil*. Porto Alegre: Artmed, 1998.

LINKS:

<http://www.preschooleducation.com/sreptile.shtml> Música "Ten Little Froggies"

<http://www.kididdles.com/mouseum/p009.html> Música Pop! "Goes the Weasel"

<http://www.mamalisa.com/world/usa.html#cookie> "Who stole the cookies of the cookie jar?"

<http://www.marxists.org/reference/subject/philosophy/works/us/chomsky.htm> "Language and Mind — Linguistic Contributions to the Study of Mind (Future)", texto de Noam Chomsky.

<http://www.mit.edu/~pinker/> Página oficial, em inglês, do professor Steven Pinker, do Department of Brain and Cognitive Sciences of Massachusetts Institute of Technology.

<http://www.math.tohoku.ac.jp/~kuroki/Pinker/> Página não oficial, em inglês, do professor Steven Pinker do Department of Brain and Cognitive Sciences of Massachusetts Institute of Technology, com muitos artigos na área de linguagem.

<http://members.tripod.com/Caroline_Bowen/devel2.htm> Página sobre as fases do desenvolvimento da linguagem na criança, por Caroline Bowen.

<http://www.einstein.br/espacosaude/palestras/desenv_fala_audi.htm> "Desenvolvimento da fala e da audição da criança." Palestra realizada em julho de 1999 no Hospital Israelita Albert Einstein.

<http://bootnewt.hostingzero.com/midi/hokeypokey.mid> — Som de Hokey Pokey

<http://www.sk.com.br/sk-comm.html> — Schütz, Ricardo. "Communicative Approach [Abordagem comunicativa]." English Made in Brazil.

Este livro foi reimpresso em junho de 2008
pela gráfica Palas Athena sobre papel offset 90g/m².